MIR SAN
BIER

Süddeutsche Zeitung Edition

Impressum

Projektleitung: Sabine Sternagel
Lektorat: Daniela Wilhelm-Bernstein
Art Direction: Stefan Dimitrov
Grafik, Satz und Litho: Sibylle Schug
Herstellung: Thekla Licht, Hermann Weixler
Druck und Bindearbeiten: CPI – Ebner & Spiegel, Ulm
Printed in Germany

Titelbilder:
Oben: SZ Photo imagebroker
Unten: In Memoriam Unionsbräu Haidhausen (Alessandra Schellnegger)

ISBN: 978-3-86497-131-0

MIR SAN BIER

Braukunst und Biergärten in und um München

Süddeutsche Zeitung Edition

In ihrer Rolle als Bavaria auf dem Nockherberg ist Luise Kinseher zwar keine Bußpredigerin im klassischen Sinne, die Leviten liest sie den Politikern aber trotzdem.

Herr über die Devotionalien des Bier- und Oktoberfestmuseums in der Sterneckerstraße: Lukas Bulka.

Zeichen der Macht: Die Wappen der Münchner Brauereien sind international berühmt. Ihre Biere werden weltweit ausgeschenkt und getrunken.

J.W.
AUGUSTINER-BRÄU
LÖWENBRÄU
LÖWENBRÄU

Die hohe Schule der Brauer

Die Benediktinermönche begründen im Mittelalter die Tradition des Bieres in Weihenstephan

Vom Frühsommer bis in den Spätherbst genießen die Gäste des Bräustüberls das Weihenstephaner Bier am liebsten unter den schattigen Linden im Freien.

Wer hat's erfunden? Wenn's ums Bier geht, werden nicht wenige, ohne lang zu überlegen, den Namen Weihenstephan nennen. Die dortige Staatsbrauerei wirbt schließlich mit dem Prädikat „älteste Brauerei der Welt", und über den ganzen Globus verstreut gibt es Brauer, die stolz sind auf ihre Ausbildung auf dem Berg im Westen von Freising. Die beiden Wassertürme der Brauerei dort droben wirken in der Silhouette der Stadt mindestens ebenso markant wie die Domtürme.

Schon im Gilgamesch-Epos findet sich ein Gebräu, das man mit etwas gutem Willen als Bier bezeichnen könnte. Von diesem über das bayerische Reinheitsgebot und dem, was heute getrunken wird, ist es ein weiter Weg, für den Weihenstephan die entscheidenden Markierungen gesetzt hat. Von der Ausbildung der Brauer angefangen über die Technik bis zur Lagerung und der Sensorik – ohne das Knowhow der dortigen Forschungseinrichtungen gäbe es das heutige Brauwesen nicht.

Am Anfang war das Wasser: Der Legende nach soll der Heilige Korbinian am Südhang des Weihenstephaner Bergs nach inbrünstigem Gebet seinen Stab in die Erde gestoßen haben, sodass ein Quell daraus entsprang. Das Korbiniansbrünnlein gibt es noch heute. Es ist aber nicht dieses kleine Wunder, das

Ein Betriebsunfall aus überschäumender Freude – zu fest sollte man besser nicht anstoßen mit einer frisch gezapften Mass, weil es schade ist um jeden Tropfen.

Einkehr in den Bierkatakomben: Im Gegensatz zu den „guten alten Zeiten" kann heute jeder, gleich welchen Ranges, alle Sorten der Staatsbrauerei durchprobieren.

die Leute gleich busweise nach Weihenstephan pilgern lässt. Der „Nährberg" lockt mit dem „flüssigen Brot der Bayern". Doch nicht nur deshalb haben ihm die Freisinger diesen Namen verliehen. Lange gab es dort auch die Staatliche Molkerei Weihenstephan, die inzwischen privatisiert und umgezogen ist. Und außerdem passt das Synonym zu den anderen Erhebungen der Stadt: Dem Wehrberg mit den inzwischen aufgelassenen Kasernen und dem Lehrberg, dem mons doctus, wie der Domberg genannt wird. Eigentlich hätte Weihenstephan diesen Namen verdient mit all seinen Hochschul- und Forschungseinrichtungen, die längst nicht nur der Hohen Schule der Braukunst dienen.

Das Benediktinerkloster, das Korbinian dort einst gründete, hatte viele Latifundien und einen großen landwirtschaftlichen Betrieb. Dort wurde auch Bier gebraut. Wann erstmals, ist historisch nicht einwandfrei geklärt. Der rührige Abt Georg Tanner tat im 17. Jahrhundert viel für das Kloster, nicht alles davon ganz lupenrein. So ließ er jedenfalls auch Urkunden fälschen, um Rechtspositionen wie etwa Grenzstreitigkeiten zugunsten des Klosters festzuschreiben. So kamen die Weihenstephaner Mönche auch 1146 zu einem Braurecht. Historisch hieb- und stichfest nachgewiesen sind dagegen bereits um das Jahr 900 Hopfengärten für Weihenstephan. Was sollte man mit den Dolden dieses Gewächses auch sonst anfangen, als sie für die Bierherstellung zu nutzen? Jedenfalls wagt es nicht einmal die Konkurrenz, an der bierhistorischen Vormachtstellung Weihenstephans zu rütteln.

Dass die Mönche dort nicht nur für den Eigenbedarf brauten, ist ebenfalls verbürgt. Allein 3000 „Eimer“, etwa 200 Hektoliter waren nämlich für die „Würthe“ bestimmt. Schon damals gab es drei Sorten: Dünnbier für Pilger, Knechte und Bettler, ein kräftigeres für die Patres und die Brüder sowie für die Handwerker und ein besonders süffigstarkes für den Abt, die Prälaten und die weltlichen Würdenträger. Heute kann jeder, gleich welchen Ranges, die vielen Sorten der Staatsbrauerei durchprobieren. Noch 1803, als das Kloster im Zug der Säkularisation aufgelöst wurde, werden 1482 Eimer Bier als Sommervorrat aufgelistet. Sonst aber war das Kloster samt Landwirtschaft heruntergewirtschaftet. Äbte hatten sich selbst bereichert oder auch unverantwortlich überteuerte Käufe getätigt, unter anderem einen Weinberg in Gumpoldskirchen. Offenbar schmeckte das Weihenstephaner Bier der hohen Geistlichkeit doch nicht uneingeschränkt.

Zum Begriff für die Brauwelt wurde Weihenstephan erst, als es verweltlicht wurde. Jetzt nutzte man das ehemalige Kloster als

Eine deftige Brotzeit gehört zur Einkehr im Biergarten einfach dazu – am besten mit einem „Obazd'n“, dessen Rezept im Weihenstephaner Bräustüberl erfunden worden sein soll.

Musterlandwirtschaft. Der erste Verwalter Max Schönleutner hatte den Auftrag, bei der Ausbildung der Landwirte „auf die Bierbrauerei Wert zu legen, da sie auf den meisten Landgütern getroffen wird". Das geschah nicht ohne Hintergedanken: Die Biersteuer brachte jährlich rund sechs Millionen Gulden, rund ein Sechstel der königlich-bayerischen Staatseinnahmen. Auf der Basis des Reinheitsgebots wurden auch Normen für die Brauereien eingeführt. Es hieß: „Das Publikum hat das Recht, von dem Brauer ein gutes und trinkbares Speisebier zu verlangen." Schönleutner bildete nicht nur die angehenden Brauer aus, er verfünffachte auch den Ausstoß der nun „Königlich-Bairischen Staatsbrauerei Weihenstephan". Nach einem kurzen Intermezzo in Schleißheim blieb die Brauereischule endgültig in Weihenstephan. Ihr Leiter Karl Lintner verfasste 1865 das „Lehrbuch der Bierbrauerei" und führte einen eigenen „Brauer-Cursus" ein, so gründete er die Wiege der modernen Braukunst.

Weihenstephan einst: Aus dem Kloster der Benediktiner wurde eine große Universität und eine weltberühmte Brauerei.

Seither gilt Weihenstephan als deren Inbegriff und Brauen als universitärer Lehrstoff, angesiedelt an der Technischen Universität München (TUM).

Für dieses „Mekka der Bierbrauer" befürchteten Studenten sowie die Brau- und Getränkewirtschaftsverbände schon das Schlimmste, als 2009 aus zwei Brauereilehrstühlen einer und als dessen Inhaber mit Thomas Becker ein Nichtfachmann berufen wurde. Kultusministerium und TUM reagierten auf entsprechende Proteste tatsächlich und richteten ein Extraordinariat für die „Technologie der Brauerei" ein. Ob man sich so die oft propagierte Zusammenarbeit zwischen Forschung und Praxis vorgestellt hat, sei dahin gestellt. Dass im übrigen die Staatsbrauerei Weihenstephan als obersten Dienstherren Bayerns Kunstminister hat, quittieren Brauer gerne mit der Bemerkung, dass Bierbrauen eben eine Kunst sei.

Günther Knoll

Hinter den Mauern des ehemaligen Klosters dreht sich alles ums Brauen, die Türme als Wahrzeichen dieser Kunst sind weithin sichtbar.

Testtrinken im Freiluftlabor

Der Bräustüberl-Garten bietet auch Unfiltriertes

Es wird wohl keine andere Aschenhalde geben, die ähnlich anziehend wirkt wie die hinter der Staatsbrauerei Weihenstephan. Dort wurde der Abraum dazu genutzt, um auf ihm ein Bier- und Brotzeitstüberl für die Weihenstephaner Bediensteten zu bauen. 1892 war das, und der Oberbrauer hatte die Aufgabe, es zu betreiben. Heute ist aus dem Stüberl ein respektabler Bau geworden: das „Bräustüberl“, die Visitenkarte der Staatsbrauerei – eine Wirtschaft samt Garten. Von dort kann man hinunterblicken auf die Domstadt Freising und weit nach Norden, wo die Hügel der Hallertau beginnen.

Professoren, Studierende, Touristen und auch Einheimische fühlen sich gleichermaßen wohl unter den Linden, wo man gut essen und noch besser trinken kann, die Bierspezialitäten nämlich, die gleich nebenan hergestellt werden. Ein Freiluftlabor für Anwender wie Nutzer also. Zum Testen gibt es dort einiges: Kenner schwören auf den getrübten Genuss – das unfiltrierte Pils vom Fass. Etwas Besonderes sind auch die Starkbiersorten, der Vitus, ein Weizenbock, oder das traditionsreiche dunkle Starkbier, von Insidern Kurbi genannt, weil der Bistumsheilige Sankt Korbinian dafür Pate steht, der in Weihenstephan seine Klosterzelle hatte. Wer die Stärke bayerischen Gebräus noch nicht so recht kennt, der sollte damit aber vorsichtig umgehen.

Beim Bergfest auf dem Weihenstephan fließt das Bier in Strömen. So nah an der Quelle kann der Nachschub nicht versiegen.

Eine Gefahr für das Blätterdach der Biergärten: die Miniermotte. Sie verursacht eine vorzeitige Braunfärbung und ein langsames Welken der Blätter schon im Sommer.

Wie es sich für einen echten Biergarten gehört, kann man seine eigene Brotzeit mitbringen. Nötig ist das nicht, denn zum einen gibt es einen eigenen Bereich mit Bedienung. Und auch an der Selbstbedienungstheke findet jeder etwas nach seinem Geschmack: Den Obazdn etwa, den ein ehemaliger Wirt des „Bräustüberls" erfunden haben soll. Warum der so heißt? Am besten probieren – der Mischung aus Butter, Camembert, Zwiebeln und Gewürzen gibt erst ein Schuss Bier die sämige Konsistenz, die der Oberbayer Baaz nennt.

Eine längere Einkehr lässt sich leicht unterbrechen, indem man einen Spaziergang durch die vielen Gärten des Grünen Zentrums unternimmt oben auf dem Berg selbst oder gleich drüben an der Langen Point im einzigartigen Staudensichtungsgarten.

Wer mehr über die Freisinger Biertradition erfahren will, kann sie vom Berg aus erkunden. Von den vielen kleinen Brauereien zeugen heute noch die Namen mancher Wege und Häuser in der Innenstadt wie die Laubenbräugasse oder der Furtnerbräu. Der Weg durch die Hauptstraße endet zwangsläufig beim „Huber Weißen", wo übrigens auch Weihenstephaner Brauer ihren Stammtisch haben. Das dortige Weizen hat fanatische Liebhaber, auch wenn es inzwischen von der lokalen Konkurrenz, dem Gräflich von Moy'schen Hofbrauhaus gebraut wird.

Günther Knoll

Anziehungspunkt für Mitarbeiter, Touristen, Studierende und Professoren ist der Biergarten des Bräustüberls.

Zwei Schutzpatrone und ein Kultbier

Vor rund 700 Jahren brauten die Augustiner ihren ersten Gerstensaft

Auf dem Bild trägt er einen blauen Umhang. Das passt, denn bei dem so Abgebildeten handelt es sich um Ferdinand Schmid, den Seniorchef der Augustiner-Brauerei, und die führt ebenfalls Blau in ihrem Signet. Bei dem Bild handelt es sich um ein Fresko. Genauer gesagt: Um das Deckenfresko der alten Zunftkirche und damit auch Brauerkirche Sankt Peter, direkt neben dem Alten Peter. Und eine der dort abgebildeten Figuren trägt unverkennbar Ferdinand Schmids Züge (siehe Seite 25).

Der Kini, Franz Josef und dann kommt schon der Augustiner – ein ganz spezieller bayerischer Dreiklang.

Aus gutem Grund: Der 1925 geborene Schmid wird in München längst als Bierheiliger verehrt, auch wenn er selbst das gar nicht so gern hört. Dabei hat das alles seine Richtigkeit. Denn Schmid steht seit 1996 der Edith-Haberland-Wagner-Stiftung vor, der wiederum 51 Prozent von Augustiner gehören – und deren Existenz die Brauerei bis heute davor bewahrt, von einem großen Konzern geschluckt

zu werden. Schmid wird nachgesagt, die Brauerei-Erbin vor ihrem Tod zur Gründung dieser Stiftung bewegt zu haben.

Er selbst würde bis heute kaum ein Wort darüber verlieren. Für ihn, der die Brauerei bis 1991 führte, stehen nur zwei Dinge im Vordergrund: Die Qualität des Bieres und die Wahrung der Münchner Tradition. Deshalb verzichtet Augustiner bis heute auf Werbung, unterstützt über die Stiftung soziale Projekte und leistet einen wesentlichen Beitrag zum Erhalt der Münchner Stadt- und Braugeschichte.

Die Gäste wissen zu schätzen, dass sie im Augustiner immer ein unverfälschtes Münchner Bier bekommen.

Die Wahrung der Tradition gehört beim Augustiner dazu: Der Maibaum im Garten wird mit Muskelkraft aufgestellt.

Will man diese Geschichte verstehen, muss man sich auf eine Zeitreise ins Mittelalter begeben. Im Jahre 1294 kommen die ersten Augustiner-Eremiten aus Regensburg nach München – weil es der Freisinger Bischof Emicho und der Wittelsbacher Herzog Rudolf so wollen. Auf dem Haberfeld bauen sie eine Johannes-Kapelle und ein dazu gehöriges Wohnhaus. Erst 1315 sollte ihr Kloster komplett in dem nach ihnen benannten Eremitenviertel, dem späteren Kreuzviertel, ausgebaut sein. Wer heute um das Münchner Polizeipräsidium streicht, kann sich die Ausdehnung

von Konvent und Klostergarten vorstellen – denn genau dort hatten sich die Eremiten niedergelassen. Auch ihre Kirche ist noch zu sehen, wenngleich sie längst weltlichen Zwecken dient: In ihr ist heute das Jagd- und Fischereimuseum untergebracht.

Als Gründungsjahr der ersten Braustätte führt Augustiner 1328 an, exakt zu belegen ist dies nicht. Denn diese Jahreszahl beruht auf einer historisch nicht gesicherten Nachricht, der zufolge die Bäckerknechtsbruderschaft ein Jahr nach dem großen Stadtbrand 1327 ihren Versammlungsort vom abgebrannten

Wenn der Maßkrug leer wird, wird mancher sentimental.

Heiliggeistspital ins Bräustüberl des Augustinerklosters verlegt haben soll. Wo ein Bräustüberl, da auch eine Braustätte – aus dieser Schlussfolgerung mag wohl das Gründungsjahr 1328 entstanden sein. Dabei reicht die Brautradition der Augustiner in München wohl weiter zurück. Denn das Brauen von Bier gehörte damals längst zur Grundversorgung eines Klosters. Die Eigenversorgung von Klöstern war vom 13. Jahrhundert an zur Notwendigkeit geworden, als die Naturalabgaben der Bauern sukzessive in Geldabgaben verwandelt wurden. Was also bislang einfach geliefert wurde, mussten die Klöster spätestens von da an selbst produzieren, eben auch das Bier.

Es darf angenommen werden, dass die Augustiner, deren Orden im 13. Jahrhundert gegründet wurde, von Anfang an mit der Kunst des Brauens vertraut waren. Nachgewiesen ist die Existenz von Braustätten für andere Augustinerklöster jedenfalls für den Anfang des 14. Jahrhunderts – warum sollte da ausgerechnet München eine Ausnahme sein? Vermutlich hatten die Mönche auch bald da-

Fisch muss schwimmen. Gut gesalzene Steckerlfische machen erst richtig Durst.

damit begonnen, nicht nur für sich selbst zu brauen. Denn ihre Verbundenheit mit dem Herrscherhaus fand auch sehr weltlichen Ausdruck: Die Eremiten, die in diesen Zeiten päpstlicher Glaubenskriege auf Seiten Kaiser Ludwigs des Bayern standen und damit auch auf Seiten des Gegenpapsttums in Avignon,

Eine nützliche Sitte: Selbstbedienung im Biergarten ist bis heute verbrieftes Recht der Gäste.

belieferten die Wittelsbacher mit Bier – angeblich sogar so lange, bis diese sich 1592 im Alten Hof eine eigene Braustätte leisteten.

Den Verlust ihres so wichtigen Kunden dürften die Mönche aber leicht verschmerzt haben. Diverse Quellen zeugen immer wieder von der Beliebtheit ihres Bieres. Der Kult daso groß, dass Augustinus, nach dem der Orden benannt ist, bereits zum Schutzpatron der Brauer aufgestiegen war – auch wenn der berühmte Kirchenlehrer der Spätantike wohl kaum direkt mit Bier in Verbindung zu bringen ist. Im Jahr 1781 jedenfalls sprechen auch die Zahlen für die Liebe der Münchner

Schon vor fast 250 Jahren ließen sich die Münchner „ihr" Augustiner munden. So gesehen hat sich am Geschmack der Bayern zumindest in Hinblick auf das Bier wenig geändert.

zum Bier der Augustiner: Nachgewiesen ist laut Augustinerarchivarin Ursula Eymold eine Gesamtproduktion von 9225 Hektoliter Bier, für den Haustrunk wurden lediglich 1657 Hektoliter gebraucht – der Rest floss durch die Münchner Kehlen. Heute ist der „August" vor allem bei jungen Leute zum Modegetränk avanciert.

Mit der Säkularisation 1803 wurde das Kloster aufgelöst und in der Kirche eine

Brotzeit ist die schönste Zeit: Radi, Brezen, Aufschnitt aus Wurst oder Käse sind schmackhafte Begleiter beim Biertrinken.

Mauthalle eingerichtet, doch es wurde, wenngleich in unbedeutendem Maße, weiter gebraut. Wegen Baufälligkeit wurde die Brauerei 1817 gegenüber in die Neuhauser Straße verlegt – dorthin, wo sich heute die berühmte Augustinergaststätte in der Fußgängerzone befindet. Sie gelangte im gleichen Jahr in den privaten Besitz von Georg Gröber und Baptist Lankes. Die beiden waren keine Brauer, sondern Berufsfischer, was zunächst kein Problem darstellte, solange sie Braumeister aus der Zunft beschäftigten. 1829 vergaben die Behörden das Braurecht an echte Brauer, das Ehepaar Anton und Maria Theresa Wagner. Nach dem Tod ihres Mannes war sie es, die mit dem Kauf des Butlerkellers an der Landsberger Straße – der zunächst als Lagerkeller genutzt wurde – den Grundstein für die heutige Brauerei legte. Ihr Sohn Joseph verlagerte zwischen 1884 und 1890 den Braubetrieb dorthin. Seine Initialen J.W. zieren noch heute das Logo der Augustinerbrauerei, der einzigen Großbrauerei Münchens, die noch in Privatbesitz ist – dank Ferdinand Schmid, dem modernen „Schutzpatron des Bieres". Wer daran zweifeln sollte, muss nur einmal aufmerksam das Deckenfresko von St. Peter betrachten.

Astrid Becker

Biergarten mit Eisstockbahn

Der Augustinerkeller hat sich auf ganzjährige Bewirtung umgestellt

Man glaubt, ein Bergwerk zu befahren, wenn man, mit Lampen wohl versehen, der Braumeister voran, die unzähligen Stufen hinunter steigt. Eiskalte Luft schlägt einem entgegen, und da unten sieht man Stückfässer aufeinander geschichtet und geht von einem Gewölbe in das andere, immer fort.“ So schreibt der Hamburger Julius Melchert 1845 in sein Tagebuch über seine Reise nach Bayern. Er besucht in sechs Wochen viele Stätten, aber diese ist eine besondere: der Augustinerkeller an der Arnulfstraße, der Inbegriff Münchner Biergartentradition.

Zu Melcherts Zeiten hatte dieser Keller, aus dem später der 5000 Plätze fassende Biergarten entstehen sollte, noch nichts mit Augustiner zu tun. Er hieß damals noch Knorr-Keller, galt aber bereits als einer der bedeutendsten Bierlagerstätten Münchens. 1808 war er erbaut worden, auf dem Gelände einer ehemaligen Kiesgrube, nicht, wie so oft falsch beschrieben, auf dem öffentlichen Richtplatz der Stadt. Zunächst taucht dieser Keller 1812 in den Akten als Büchlbräukeller auf, wurde aber 1842 an die Knorrbrauerei verkauft. Sechs Jahre später pachtete ihn die Spaten Brauerei, bis er schließlich 1862 an den Augustiner-Besitzer Josef Wagner verkauft wurde. Die Brauerei nutzte ihn nicht nur als Sommerkeller, sondern auch als

Stammgäste halten gerne Hof im Augustiner-Keller, wo sich alle Schichten der Münchner Gesellschaft unter den Kastanien treffen.

Auf dem Deckenfresko von St. Peter, der Zunftkirche der Brauer, ist auch der Senior-Chef des Augustiner-Bräus Ferdinand Schmid im zartblauen Umhang abgebildet.

Gaststätte. 1896 wurde er von Franz Xaver Renner umgebaut – in einem Stil, der noch heute das Erscheinungsbild prägt.

Nach dem Zweiten Weltkrieg konnte der Schankbetrieb im Garten erst 1947 aufgenommen werden – und als es erstmals 1962 Verkaufsgerüchte gab, war der Aufschrei in den Medien groß. Einige Münchner wollten sogar einen Verein zum Erhalt des Augustiner-Kellers gründen. Einer der berühmtesten Münchner Journalisten, Sigi Sommer, hielt dort nahezu täglich Hof. Noch heute gibt es rund 100 Stammtische, die sich sogar ihren eigenen Tisch mitbringen dürfen. Manche haben noch immer kleine Briefkästen, über die sich die Stammtischler in den damals noch handylosen Zeiten Nachrichten hinterlassen konnten. Hier sitzen alle Münchner Gesellschaftsschichten unter den mächtigen Kastanien – und jeder redet mit jedem.

Seit 2009 sind Christian Vogler und seine Frau Petra Wirtsleute. Seit dem vergangenen Jahr lädt der Biergarten auch im Winter mit drei Eisstockbahnen und einem bewirtschafteten Blockhaus zum Verweilen ein. In diesem Jahr wurden zudem sämtliche Stände für Essen und Trinken komplett erneuert. Als mittlerweile legendär gilt das Starkbierfest, das der ehemalige Wiesnwirt Richard Süßmeier als „Bedienung Maria“ eröffnet und dabei grundsätzlich die Großkopferten und aktuelle Ereignisse derbleckt.

Astrid Becker

Der „August“ ist das Modegetränk der jungen Münchner vom Flaucher bis zur Nobeldisco. Und ihn gut sichtbar auf der Straße zu tragen, ist sowieso in.

Adel verpflichtet

Luitpold Prinz von Bayern führt die letzte verbliebene Schlossbrauerei in königlichem Besitz

Durch Weizenfelder und saftig grüne Wiesen führt der Weg nach Kaltenberg. Es ist ein warmer Sommertag. Der Herrscher über das kleine, aber feine Bierimperium wartet schon. Zunächst aber passiert der Besucher mit Flaggen geschmückte Holzbuden und ein paar Zelte und Wohnwagen – Überbleibsel des bekannten Ritterturniers, das vor ein paar Tagen zu Ende gegangen ist. Durch den Metallbogen mit der Aufschrift „Schloss Kaltenberg“ geht es hindurch, über die schmale, mit Kleinstein

Verbindungen in die ganze Welt: Auch nach dem Einstieg der Warsteiner-Gruppe vor einigen Jahren hat Prinz Luitpold, der Urenkel des letzten Königs von Bayern, das letzte Wort, wenn es um Qualitätsanspruch und Sorten geht.

gepflasterte Brücke, die von einem kleinen Turm mit Butzenglasfenstern und blau-gelb gestrichenen Fensterläden überspannt wird. Im Schlosshof geht es linker Hand durch eine hölzerne Tür ins Sudhaus. Zu Luitpold Prinz von Bayern aber führt eine steile Treppe hinauf. Im gestreiften Hemd und braunen Cordjackett sitzt er in seinem dunkel getäfelten Büro, zwischen Gemälden und dem großen Regal, das sich unter der Last der Fachbücher über die Braukunst biegt.

Der 61 Jahre alte Urenkel des letzten Königs von Bayern gilt als volksnah. Wer ihn aufs Thema Bier anspricht, der macht die Erfahrung, dass er nicht nur leutselig, sondern fachlich höchst beschlagen ist. Mit provokanten Fragen wie der, ob denn ein Weingut nicht standesgemäßer wäre, weil roter Wein besser zu blauem Blut passt und Bier doch sehr nach Bürgerlichkeit schmeckt, lässt er sich nicht aus der Reserve locken. „Ein Wein-

Der richtige Platz zum Essen, Trinken und zum Nachdenken: der Biergarten der Ritterschwemme in Kaltenberg.

Das König Ludwig Dunkel, dessen Name auf der Ritterschwemme prangt, ist in Deutschland Marktführer der dunklen Biere.

gut wäre schon schön", sagt er dann, „aber Kaltenberg lässt sich eben nicht so einfach in die Pfalz oder nach Burgund verlegen." Denn eine Kälteperiode Ende des 15. Jahrhunderts setzte dem durchaus ansehnlichen Weinbau an der Donau und im Berchtesgadener Land ein jähes Ende. Und überhaupt: Bier passt sehr wohl zum Adel.

Luitpold Prinz von Bayern bekennt sich zum Reinheitsgebot und würde im Leben nicht auf die Idee kommen, tief im Keller des Schlosses irgendwelche pappsüßen Alcopops oder Bier mit Himbeergeschmack herzustellen. Gott bewahre! Wer aber meint, der Herr hinter den dicken Mauern habe den Zug der Zeit verschlafen, der irrt gewaltig. Denn er hat gar nichts dagegen, dass das Bier vor seiner endgültigen Bestimmung einem Wandel unterworfen wird: „Es gibt unendlich viele Möglichkeiten für Biercocktails“ – Weißbier mit Cola, Laterndlmaß, Goaßnmaß, Weißbier mit Hollunder oder was auch immer. Aber das sei „Sache des Wirts und nicht die des Braumeisters.“

Das Bier, auf dessen goldgerahmtem Etikett der erhabene Schriftzug „König Ludwig Dunkel“ prangt, ist für die Brauerei Kaltenberg etwa das, was der 911er für Porsche ist. Kaltenberg verkauft zwar auch Helles, Weißbier, naturtrübes Kellerbier – insgesamt zehn Sorten, dazu Wasser und Limonade. Aber das hier gebraute Dunkle ist so etwas wie das Flaggschiff. Der Prinz herrscht nicht mehr über ein Königreich, aber mit dem König Ludwig Dunkel ist er Marktführer in Deutschland. Manche Brauerei färbt ihr Helles einfach mit Röstmalz schwarz und verkauft das als Dunkles. So etwas würde Luitpold Prinz von Bayern nicht im Traum einfallen. Denn er hat etwas zu verlieren, was andere sich in Zeiten des globalen Wettbewerbs nicht mehr leisten zu können meinen: einen exzellenten Ruf, der auch seinen Preis haben darf. Die Urkunden an den Wänden zeugen von internationalem Renommee. Kaltenberg hat in der ganzen Welt Preise abgeräumt, so auch im Jahr 2008 den World Beer Award für seinen Ritterbock. Und in vielen Ländern wird das König-Ludwig-Bier in Lizenz gebraut, so in Schweden, Russland oder Indien.

Weil die Geschichte der Wittelsbacher nicht zu trennen ist von der Geschichte des bayerischen Biers, sind die Angehörigen der königlichen Familie zwangsläufig zu Brauexperten geworden. So ist das auch bei Prinz Luitpold. Er ist ein gelernter Jurist, aber „wenn's nötig wäre“, dann würde er sich auch ohne seine acht studierten Braumeister zurecht finden. Die erste Brauerei der

Üppige Geranien sind seit jeher farbenfroher Schmuck für die Holzbalkone des Oberlandes.

Hölzerne Tische und Bänke – und fertig ist die Biergarten-Gemütlichkeit. Zum Schutz vor Sonne und Regen genügt ein dünnes Zeltdach.

Königsfamilie wurde 1260 von Herzog Ludwig dem Strengen in der Alten Residenz in München gegründet. 500 Leute der Familie und des Hofstaats – vom Beichtvater bis zum Kutscher – mussten verköstigt werden. Um das 17. Jahrhundert herum trank ein jeder durchschnittlich 2,3 Liter pro Tag. Denn das schwach alkoholische Bier war im Gegensatz zum Wasser ein sicheres, weil keimfreies, Lebensmittel und spendete auch noch Kraft. Seitdem entstanden im Laufe der Jahrhunderte insgesamt 70 Brauereien der Wittelsbacher. Herzog Wilhelm IV. hatte schon 1516 mit dem bayerischen Reinheitsgebot den Weg bereitet für den Siegeszug des bayerischen Bieres. Kurfürst Maximilian I. sicherte sich später das Weißbier-Monopol, das bis 1801 galt und zeitweise die Hälfte der Staatseinnahmen garantierte. Weitere Vorfahren von Luitpold Prinz von Bayern, der die letzte verbliebene Schlossbrauerei in königlichem Besitz führt, waren König Ludwig I., der Begründer des Oktoberfests, und König Ludwig II., Gründer der Universität in Weihenstephan, wo ständig an der Verfeinerung der Braukunst geforscht wird.

Ob Prinz Luitpolds ältester Sohn, der 30 Jahre alte Ludwig, oder eines der anderen vier Kinder die Brauerei einmal übernehmen wird, steht noch nicht fest. Einer werde sich gewiss finden, die Tradition fortzuführen, glaubt Luitpold. Vielleicht gelingt diesem dann ja das, was dem Vater bislang versagt blieb: mit dem Bier aus Kaltenberg auch auf der Wiesn vertreten zu sein. Dieses Thema bringt das blaue Blut in Wallung: München schließt Kaltenberg aus, obwohl die Stadt dieses größte Volksfest der Welt doch den Wittelsbachern zu verdanken hat. Mit fadenscheinigen Argumenten bleibe es einem Oligopol aus vier Brauereien vorbehalten. Fast alles hat der Prinz mit seinem Bier schon erreicht. Das Oktoberfest aber, das wäre die Krönung.

Stefan Salger

Ein adeliges Bier: Das Kaltenberger Dunkle trägt einen königlichen Namen und eine stattliche Krone – aus Schaum.

Schattiger Kompromiss

Königlicher Erlass bescherte der Ritterschwemme einen Biergarten

Nun gut, in München mag es ältere und prächtigere Biergärten geben als den in Kaltenberg. Aber keiner, nicht einmal der prächtige Münchner Hirschgarten, liegt so nah am königlichen Kraftzentrum. Die Ritterschwemme auf dem weitläufigen Schlossgelände befindet sich auf geschichtsträchtigem Boden. Hier, an der Grenze zwischen den Landkreisen Landsberg und Fürstenfeldbruck, nordwestlich des Ammersees, braut Luitpold Prinz von Bayern sein Bier, ein Nachfahre König Ludwigs I. Jener Ludwig I. war bestimmt nicht der „Erfinder" der Biergärten wie viele meinen. Am 4. Januar 1812 war er gerade mal Kronprinz und noch weit weg von jeder Regierungsverantwortlichkeit. König Max I. Joseph und sein Minister Montgelas waren es, die den Erlass herausgebracht haben, der „den Brauern gestattete, auf ihren eigenen Märzenkellern in den vier Sommermonaten das Sommerbier in Minuto verschleißen zu dürfen". Damit legte der König auch gleichzeitig die Basis für die Ritterschwemme zu Kaltenberg. Unter Schatten spendenden Bäumen lässt sich trefflich sinnieren übers Reinheitsgebot und die Umstände, denen man es zu verdanken hat, Schweinsbraten und eine kühle Maß unter freiem Himmel genießen zu können.

Vor mehr als zwei Jahrhunderten war das Bierbrauen während der Sommermonate

Der Name Ritterschwemme steht auch für die Kaltenberger Ritterspiele. Ein Spektakel, das jährlich Zehntausende anzieht.

Das Eisschneiden stand am Anfang jeder Biergartensaison. Pferdefuhrwerke brachten Eisblöcke in die Stadt – manchmal sogar aus Tirol.

verboten, weil Brandgefahr durch das Sieden bestand. Deshalb musste für die Sommerzeit ein Biervorrat angelegt werden. So entstanden spezielle Bierkeller, im allgemeinen direkt neben dem Brauhaus. Durch den hohen Grundwasserspiegel in München konnten diese Keller allerdings nicht tief genug angelegt werden. Im Winter sägten die Brauer deshalb zur Kühlung Eis in Stangen aus den umliegenden Weihern. Gegen die Sommersonne pflanzten sie Bäume. Die Kastanie, der einheimische Baum mit den größten Blättern, entwickelte sich zum Dach für die unterirdischen Bierkeller und somit zum traditionellen Biergartenbaum. Weil die Brauer ihr Produkt direkt an die Bevölkerung verkaufen wollten, stellten sie unter die Kastanienbäume Tische und Bänke und boten ihr kühles Bier feil. Münchens Wirte liefen Sturm dagegen. Die Brauer, so ihr Argument, sollten doch sie beliefern und nicht an jedermann ihr Bier verkaufen. Um einer Rebellion vorzugreifen, schloss König Ludwig I. einen Kompromiss: Er genehmigte den Bierausschank über den Kellern, verfügte aber, dass die Brauer kein Essen verkaufen durften.

Das mit dem Essen hat sich in der Ritterschwemme und dem angeschlossenen Biergarten inzwischen freilich geändert.

Stefan Salger

Auf dem weitläufigen Schlossgelände finden perfekt inszenierte Spiele statt, bei denen „der Beste gewinnen möge“.

Wallfahrt zu den brauenden Mönchen

Symbiose aus frommer Tradition und modernster Technologie

Wäre Graf Rasso nicht so abenteuerlustig gewesen, hätte alles ganz anders kommen können. Dann hätte sich der Ahnherr der erst später so genannten Grafen von Andechs wohl kaum auf eine Pilgerreise ins Heilige Land begeben. Ohne diese mit Sicherheit sehr beschwerliche Tour gäbe es keine Reliquien auf dem Heiligen Berg – und ohne diese Partikel von Dornenkrone, Geißelrute, Spottzepter, Schweißtuch und Kreuz wohl auch kein Kloster und schon gar

Eine Pilgerstätte, die nicht nur Fromme anzieht, ist das Kloster Andechs. Andächtige Bewunderung genießt auch der Andechser Doppelbock.

kein Bier auf dem Endmoränenhügel in der kleinen Gemeinde hoch über dem Ammersee.

Wirft man einen Blick in die Geschichte der Klosterbrauerei, dann wird eines schnell klar: Dass dort noch heute Brautradition gepflegt wird, ist der Wallfahrt zu verdanken – und dem Weitblick einiger Männer, die diese über die Jahrhunderte hinweg aufrecht erhalten haben. Zunächst beginnt diese Geschichte jedoch so gar nicht klösterlich. Graf Rasso mag zwar ein gläubiger Mensch gewesen sein, eines war er nicht: ein Ordensbruder. Dennoch wird ihm die Gründung des Klosters Grafrath zugeschrieben, wo er nach seinem Tod, der auf das Jahr 954 datiert wird, auch begraben liegt. Er gehörte einem Grafengeschlecht an, das sich allerdings erst lange nach seinem Ableben „Grafen von Andechs“

Die Mönche haben die Brautradition in Andechs begründet. Als Cellerar kümmert sich Pater Valentin Ziegler darum, dass alles wie am Schnürchen läuft.

04

Alles ist bestens vorbereitet, damit die Pilger nach dem Anstieg auf den heiligen Berg schnell zu ihrer flüssigen Nahrung kommen. Die Menge kann jeder selbst bestimmen.

nannte und die bereits bestehende Burg auf dem Heiligen Berg zu ihrem Hauptsitz erklärte. Einer von Rassos Nachfahren, Berthold II., verpflichtet 1128 seine Untertanen, einmal im Jahr nach Andechs zu pilgern und die von Rasso mitgebrachten und dort verwahrten Reliquien zu verehren.

Doch knapp 120 Jahre später scheint alles vorbei: Die Wittelsbacher zerstören die Burg, der Reliquienschatz gilt als verschollen, und der letzte Graf Otto II. stirbt kinderlos in Oberfranken. Es soll noch einmal 140 Jahre dauern, bis der Reliquienschatz – angeblich mit Hilfe einer Maus – wieder auftaucht. Schon bald darauf soll für die Errichtung eines Klosters gesammelt worden sein. Die ersten Benediktinermönche kommen aber erst 1455 vom Tegernsee auf den Heiligen Berg. Zu diesem Zeitpunkt war bereits die Kirche gebaut, die Wallfahrt aber wohl von den Augustinerchorherren in Dießen nicht so gut in Gang gebracht, wie es sich der Wittelsbacher Herzog Albrecht III. wünschte. Deshalb hatte er um Mönche aus Tegernsee gebeten, die sich dieses Themas annehmen sollten.

Höchstwahrscheinlich waren diese Mönche auch die ersten Brauer in Andechs. Denn in klösterlichen Gemeinschaften war die Kunst des Bierkochens bereits seit dem 9. Jahrhundert bekannt. Richtig gehend notwendig wurde sie vom 13. Jahrhundert an, als die Bauern die Abgaben an ihre Lehnsherren, zu denen auch die Klöster gehörten, nicht in Form von Naturalien, sondern mit Geld entrichteten. Mönche brauchten also zunehmend eigene Brauereien, um sich mit einem der normalen Grundnahrungsmittel dieser Zeit, dem Bier, versorgen zu können. Sie, die anders als die meisten anderen Menschen ihrer Zeit des Schreibens und Lesens kundig waren, hielten ihre Erfahrungen und Beobachtungen beim Brauen fest und gaben sie an andere Klöster weiter. Wenn man so will, waren die Mönche bereits sehr früh echte Profis in der Kunst der Bierherstellung.

Es darf als sicher angesehen werden, dass auch die ersten Benediktiner auf dem Heili-

Auf dem neuesten Stand der Technik präsentiert sich heute die Klosterbrauerei der Benediktinerabtei Andechs. Die Produktion wird elektronisch gesteuert und per Monitor überwacht.

100 000 Hektoliter Bier werden jährlich in Andechs gebraut und nur ein Bruchteil davon an Ort und Stelle konsumiert.

gen Berg dazu gehörten – zumal sie vor einer besonderen Herausforderung standen: die Pilger nach ihrem langen Weg nach Andechs mit dem nahrhaften Saft zu versorgen, der zu dieser Zeit noch als sehr leicht verderbliche Ware galt. Tatsächlich ist die Pflege christlicher Gastfreundschaft eine Art Leitlinie in ihrem Orden. Schon der heilige Benedikt schrieb unter anderem als Regel vor: „Alle Fremden, die kommen, sollen aufgenommen werden wie Christus; denn er wird sagen: Ich war fremd, und Ihr habt mich aufgenommen."

Die Wallfahrt und die Versorgung der Pilger entwickelte sich offenbar so gut, dass sie niemand aufgeben will – weder während der Reformation, noch im Dreißigjährigen Krieg, noch zu Zeiten der Aufklärung und der Französischen Revolution. Bereits sehr früh, nämlich 1730 hatte man den ersten Bierkeller in den Berg getrieben, um das so begehrte klösterliche Produkt besser lagern zu können. Sogar nach der Säkularisation 1803 änderte sich an der Wallfahrt und am Bierbrauen dort nicht viel. Denn beides durfte aufgrund seiner wirtschaftlichen Bedeutung unter den wechselnden Besitzern, die die Gebäude erworben hatten, weiter bestehen.

Es war König Ludwig I., der das Kloster schließlich 1846 für 65 000 Gulden erwarb. Es sollte ihm als Wirtschaftsgut für die von ihm geplante und 1850 gegründete Benediktinerabtei St. Bonifaz dienen. Seither haben viele Äbte und Cellerare das Kloster und die Ökonomie auf dem Heiligen Berg geprägt: Pater Magnus Sattler lässt 1871 die Brauerei auf Dampfbetrieb umstellen. 1893 erneuert er Fassstadel und Lagerhalle, ein Jahr später das Sudhaus. Auch nach seinem Tod 1901 wird kräftig investiert: 1906 in eine neue Mälzerei, 1925 und 1958 in neue Füllereianlagen. Ende der 1960er Jahre geht der letzte Brauer aus dem Konvent, Bruder Oswald, in Ruhestand. Weil die Brauerei unter Platzmangel leidet, steht die Abtei vor der Frage, ob sie den Braubetrieb komplett einstellen soll.

Doch Abt Odilo Lechner und sein Konvent entscheiden sich fürs Bier – und bauen von 1972 bis 1984 eine neue Braustätte am Fuße des Berges. Seither wird permanent in die neuesten Technologien und in weltliches Personal investiert – offenbar mit Erfolg. 100 000 Hektoliter werden dort im Jahr gebraut und sogar in Italien, Russland, der Schweiz und in Österreich angeboten. Und natürlich auf dem Heiligen Berg, auf den noch immer Tausende Menschen pilgern. Wegen der Reliquien. Und wegen des Bieres. Denn das hat schließlich Tradition.

Astrid Becker

Eine Steilwand aus Bier steht bereit für den Abtransport. Per Träger gelangt der Name Andechs inzwischen in die ganze Welt.

Vorsicht vor dem Doppelbock

Flüssige Nahrung für die Pilger auf dem Heiligen Berg

Wer heutzutage auf den Heiligen Berg pilgert, sollte links neben dem Bräustüberl durch den Torbogen schreiten. Dort, ziemlich genau in der Mitte, fällt der Blick auf einen zugemauerten Eingang, über dem die Jahreszahl 1585 prangt. Dahinter liegt das einstige Bräustüberl, ein Raum mit eindrucksvollem Gewölbe, der einst gerade einmal rund einem Dutzend Gästen Platz bot und heute für Veranstaltungen genutzt wird. Dort saßen früher also die Pilger und tranken ihr Bier, ein damals noch recht dünnes Getränk. Insgesamt gab es drei Sorten, besagtes einfaches Bier für die Wallfahrer, ein normal eingebrautes für die Mönche und ein starkes Bier, das den Äbten und hochgestellten Gästen vorbehalten war.

Der dunkle Doppelbock aus Andechs schmeckt besonders gut. Aber Vorsicht! Er hat schon manchen kräftig „gestoßen“.

Als 1906/1907 die neue Mälzerei am Osthang des Heiligen Berges gebaut wurde, konnten die Mönche das Bräustüberl um die ehemalige Mälzerei erweitern, 1938 kam dann noch das Salettl dazu. Bis zum Zweiten Weltkrieg schenkten die Mönche ihr Bier noch selbst aus, direkt aus den Lagerfässern, die sich hinter dem ursprünglichen Bräustüberl befanden. Während des Kriegs musste es allerdings schließen und wurde erst am 19. März 1952 wieder eröffnet. Damals wurde auch ein Kiosk eingerichtet, der im Laufe der Jahre immer größer und moderner wurde. Dort mussten sich die Gäste ihre Brotzeit selbst holen – eine Tradition, die bis heute Bestand hat.

Schon zu dieser Zeit war es eine ganz besondere Bierspezialität, die Andechs zu Weltruhm verhalf: der dunkle Doppelbock, der mit einer Stammwürze von 18,5 Prozent und einem Volumenalkohol von sieben Prozent nicht gerade zu den Leichtbieren zählt. Wegen seiner Süffigkeit jedoch gab es Zeiten, in denen so manch ein Gast glaubte, diesen literweise trinken zu können – mit fatalen Folgen. Immer wieder kam es zu Schlägereien, was die Mönche Ende der 1980er Jahre dazu veranlasste, dieses Bier an den Sommer-Wochenenden nicht mehr auszuschenken.

Diese Zeiten sind mittlerweile vorbei. Das Kloster hatte selbst massiv gegen das „Hinunterstürzen" dieses Bockbieres gearbeitet, indem es diese Sorte immer wieder als reines Genussbier anpries. Mittlerweile wird es wieder täglich verkauft. Zur begehrtesten Andechser Biersorte hat sich aber ohnehin das „Spezial" entwickelt. Als echter Geheimtipp gilt auf dem Heiligen Berg das Weißbier, mit dessen Herstellung die Brauerei nach einer Entscheidung von Abt Odilo Lechner erstmals in den 1990er Jahren begonnen hatte. In dieser Zeit hatte auch sein Prior Pater Anselm Bilgri, der nach Differenzen mit dem jetzigen Abt Johannes Eckert mittlerweile aus dem Orden ausgetreten ist, maßgeblich dazu beigetragen, den Vertrieb des Bieres und der Marke Kloster Andechs auszubauen. Mit Erfolg: Noch immer locken die Biere im Bräustüberl zigtausende Besucher auf den Heiligen Berg.

Astrid Becker

Wer einen Platz im Biergarten der Klosterbrauerei mit Blick über den See ergattert hat, der gibt ihn so schnell nicht wieder her.

Dynastie mit eigener Festung

Joseph Pschorr ist als einziger Münchner Brauer in der Ruhmeshalle auf der Theresienwiese verewigt

Schwere Kaltblutpferde ziehen das geschmückte Festgespann der Hacker-Pschorr-Brauerei zur Theresienwiese.

Er muss ein Mann gewesen sein, der sich durch nichts beirren ließ: Joseph Pschorr. Geradlinig und zielstrebig verfolgte der Bauernsohn aus Kleinhadern seinen Traum von der eigenen Brauerei – ein Traum, der sich auch erfüllen sollte, wenngleich es nicht ganz ohne die Hilfe der Familie Hacker ging. Schon früh waren die Hackers und Pschorrs durch eine Heirat miteinander verwandt, doch die Brauerei

Eine weltbekannte Marke: Schon früher waren die Familien Hacker und Pschorr miteinander verwandt, aber erst 1972 wurde daraus eine „Brauerei-Ehe".

selbst, wie sie heute noch in München besteht, sollte erst rund 150 Jahre später, 1972, zu Hacker-Pschorr zusammenwachsen. Ob dieser Schulterschluss so ganz im Sinne Joseph Pschorrs gewesen wäre, ist vielleicht sogar fraglich.

Die Ursprünge dieser Brauerei reichen weit zurück in eine Zeit, in der es zunächst nur den Vertretern der obersten Münchner Gesellschaft, den Patriziern, gestattet war, Bier zu brauen. 21 dieser Braugerechtigkeiten gab es insgesamt im Jahre 1363. Eine davon lag offenbar bei Ainweg Kirchler, der noch im selben Jahr in der Sendlinger Straße 75 eine Brauerei gegründet hatte. Sie bestand gesichert bis 1431. Ende des 15. Jahrhunderts wurde das Grundstück geteilt – in drei Parzellen. Auf dem näher zur Stadt gelegenen Haus mit der Nummer 75c soll 1480 eine weitere Brauerei entstanden sein, die anfänglich aber mehr als Gast- und Weinstätte betrieben wurde. Unter dieser Adresse könnte seit dem 14. Jahrhundert durchgehend Bier gebraut worden sein – was auch die Stadthistoriker vermuten. Belegt ist es aber erst für das Jahr 1691, dass hier eine Braustätte unter dem Namen Probstbrauerei firmierte. Diese

Inmitten all der illustren Persönlichkeiten in der Ruhmeshalle ist Joseph Pschorr der einzige Bierbrauer.

Eine Bierbastion mitten in der Landeshauptstadt: Die Pschorr-Brauerei. Die großen Brauereikomplexe beherrschten lange Zeit das Stadtbild Münchens.

übernahm der Wirt Simon Hacker im Jahre 1738, benannte sie auf seinen Namen um und vererbte sie später an seinen Sohn Peter Paul. Allerdings waren beide offenbar keine begnadeten Geschäftsleute, der Brauerei ging es nicht sonderlich gut.

Erst Joseph Pschorr sollte es gelingen, das Ruder herumzureißen. Er hatte in München beim Oberkandlerbräu das Brauhandwerk gelernt und galt als Meister seines Faches, als er 1793 die Tochter Peter Pauls, Therese, heiratete. Mit dieser Verbindung war der Grundstein für die Braudynastie Hacker-Pschorr gelegt. Pschorr arbeitete hart, er modernisierte die Brauerei und bewies in allen kaufmännischen Belangen großes Geschick. Nur vier Jahre nach seiner Heirat kaufte er seinem Schwiegervater die Hackerbrauerei für 34 000 Gulden ab und baute sie in nur wenigen Jahren zur führenden Braustätte Münchens aus. Noch heute heißt es, er sei allen Neuerungen und Innovationen offen begegnet und auf diese Weise zum Vordenker seiner Branche geworden. So erhöhte er zum Beispiel die Anzahl der Sude von 60 pro Jahr und Brauer auf 260, er verdreifachte die Menge des Gerstenmalzes, was schon bald von den anderen Braubetrieben übernommen wurde. Auch die Behörden reagierten auf diese neuen, von Pschorr eingeführten Produktionsmethoden: So galt fortan nicht mehr die Anzahl der Sude als Bemessungsgrundlage für die Biersteuer, sondern die Menge des verwendeten Malzes.

Pschorr grämte sich darüber offenbar nicht allzu sehr. Seine Brauerei florierte – und er investierte weiter: So baute er 1813 einen riesigen Bierkeller am Ende der Bayerstraße. Zehn Jahre soll es dauern, bis er den damals größten und wahrscheinlich auch mit 400 000 Gulden teuersten Lagerkeller Deutschlands sein Eigen nennen durfte: 35 000 Hektoliter Bier konnten dort auf 4 000 Quadratmeter Grund gelagert werden – eine unbeschreibliche Menge für diese Zeit. Die Münchner nannten diesen Keller nur „die Bierfestung".

Eine unverwechselbare bayerische Farbkombination: weißblauer Himmel und ein bernsteinfarbenes Bier im gläsernen Maßkrug.

Doch damit gab sich Pschorr nicht zufrieden: Er hatte sich in den Kopf gesetzt, eine zweite Sudpfanne in seiner Brauerei aufzustellen, etwas, was damals nicht erlaubt war. Monatelang rang er um die Genehmigung, wies zusätzlichen Bierbedarf nach, den die anderen Brauereien angeblich nicht decken konnten – und hatte Erfolg. Allerdings musste er sich auch Kritik gefallen lassen. Denn die Genehmigung der Behörden für diese zweite

Nur noch zu besonderen Anlässen wird das Bier aus hölzernen Fässern ausgeschenkt. Das Anzapfen eines Banzens will gelernt sein.

Pfanne wurde nur allzu oft als Erlaubnis für Pschorr angesehen, damit nur seinen Umsatz steigern zu wollen. Ganz von der Hand zu weisen ist dies nicht: Denn Pschorr verfolgte noch ein persönliches Ziel. Er wollte den beiden Ältesten seiner 20 Kinder, Georg und Matthias, jeweils eine eigene Brauerei hinterlassen. Zu diesem Zweck erwarb er den in finanzielle Schieflage geratenen „Bauernhanslbräu" in der Neuhauser Straße sowie weitere Häuser in der Nachbarschaft und errichtete dort die „Pschorr-Brauerei". Er übergab sie schließlich seinem älteren Sohn Georg. Dessen Tochter Josephine heiratete 1864 den Hofmusiker Franz Strauss und brachte ein Jahr danach ihren Sohn Richard zur Welt, aus dem der berühmte Münchner Komponist werden sollte. Weil der angehende Künstler von seinem Großvater Georg stets unterstützt wurde, widmete er den Rosenkavalier schließlich auch den „lieben Verwandten, der Familie Pschorr in München".

Die Hacker-Brauerei hingegen sollte Sohn Matthias erhalten, doch sie wurde nach einem Brand 1825 komplett zerstört. Joseph Pschorr nutzte auch dies zu seinen Gunsten. Er kaufte die Nachbargrundstücke dazu und baute eine neue, weitaus größere Brauerei. Mit 64 Jahren zog er sich zurück und starb schließlich am 3. Juni 1840. Seine Söhne verlegten die Brauereien später an die Bayerstraße und bauten sie weiter aus – so sehr, dass sie bereits 1860 Bier exportierten, zum Beispiel nach Beirut. Aber es gab auch Rückschläge für Pschorrs Erben durch den Ersten Weltkrieg, die Inflation, die NS-Herrschaft und den Zweiten Weltkrieg. Und dass seine beiden Brauereien 1972 schließlich doch wieder zu einer einzigen, der Hacker-Pschorr-Bräu AG, verschmolzen, bei der sieben Jahre später der Münchner Unternehmer Josef Schörghuber die Kapitalmehrheit übernahm, kann am erfolgreichen Wirken Joseph Pschorrs nichts ändern. Noch immer ist er als Marmorbüste in der Ruhmeshalle auf der Theresienhöhe verewigt – als bislang einziger Bierbrauer Münchens.

Astrid Becker

Ein bisschen salzig, ein bisschen trocken. So machen Brezn Durst auf mehr.

Notte italiana unter Kastanien

Im Biergarten des „Waldheims“ gibt es auch Programm

Viel ist über die Historie dieses speziellen Biergartens nicht bekannt. Dass es sich aber beim „Waldheim“ in Großhadern um einen Biergarten mit allem, was dazu gehört, handelt, das dürfte auch dem Laien schnell klar sein. Unter gut eingewachsenen Kastanien stehen richtige Bierbänke auf Kiesboden, auf denen sich die Gäste niederlassen: Menschen aus allen Gesellschaftsschichten, in jedem Alter, aus der Umgebung und von weiter her aus der Stadt. Vielleicht, weil man sich hier an früher erinnert, an die „gute, alte Zeit“, die es ohnehin nie gegeben hat, aber der der Mensch so gern in seinen Illusionen nachhängt. An früher, als die Münchner richtiggehende Strapazen auf sich nahmen, um vor die Tore der Stadt ins Grüne zu pilgern und sich zu erholen. Nie fehlen durfte dabei der Brotzeitkorb oder ein Rucksack, um sich vor Ort im Biergarten eine kühle Maß zu kaufen und die mitgebrachten Speisen zu verzehren.

Bis heute wird diese Tradition im „Waldheim“ gepflegt, einer der ältesten Biergärten von Hacker-Pschorr in München und der näheren Umgebung. Denn die Brauerei, die heute zur Paulaner-Gruppe gehört, leistet sich in der Innenstadt bislang keine eigenen Biergärten: Zwar gibt es das Hacker-Pschorr-Bräuhaus an der Theresienwiese, das „Zum Pschorr“ am Viktualienmarkt und natürlich auch das „Alte Hackerhaus“ in der Sendlin-

Zum Ausflug in den Biergarten gehört eine deftige Brotzeit. Das „Waldheim“ hat sie parat, der Gast kann sie sich aber auch selbst mitbringen.

Ein beliebtes Ziel vor den Toren der Stadt: Das „Waldheim" in Großhadern, einer der ältesten Biergärten von Hacker-Pschorr.

ger Straße, das landläufig noch immer als der Ursprung der Brauerei angesehen wird. Doch über klassische Biergärten verfügen diese Gaststätten, trotz ihrer Möglichkeit, Plätze im Freien anzubieten, nicht. Beim Waldheim mit seinen rund 2000 Plätzen unter Kastanien ist das ganz anders – wenngleich dieser Biergarten nicht, wie es sich für ein ganz echtes Exemplar dieser Art gehören würde, auf dem Sommerlagerkeller einer Brauerei entstanden ist. Vielmehr hatte es dort lange Zeit eine Gastronomie in dem dazu gehörigen Gebäude gegeben, das vor mehr als 100 Jahren gebaut worden ist.

In seinen Anfängen hieß es „Kriegerheim" – ob dies als Hinweis auf eine frühere Nutzung anzusehen ist, ist nicht bekannt. Wegen seiner schönen idyllischen Lage am grünen Rand Großhaderns wurde es jedoch in Waldheim umbenannt. Seit es Johanna Barsy, die auch den Biergarten Forsthaus Kasten bei Gauting führt, zusammen mit Tony Eckl 1995 nach einer zunächst etwas wechselhaften Wirtegeschichte übernommen hat, ist es jedoch auch für seine Veranstaltungen berühmt. Nicht nur Hochzeiten werden hier gern gefeiert, auch das Programm, das Barsy und Eckl ersonnen haben, hat sich längst herumgesprochen: So lockt zum Beispiel die „Notte Italiana" immer wieder viele Gäste an.

Astrid Becker

Unter schattigen Kastanien gibt es rund 2000 Plätze für die Münchner, die bei schönem Wetter nichts in der Wohnung hält. Und sogar ein eigenes Veranstaltungsprogramm wird geboten.

Vom Haustrunk zur Marke für Kenner

Ehemals bäuerliche Privatbrauerei setzt auf Qualitätsbewusstsein und Regionalität

Der Bräu von Aying: Für Franz Inselkammer junior ist es keine Frage, dass er die Familientradition weiter führt – auch in Sachen Gastlichkeit.

Ein Tagebucheintrag vom 2. Februar 1878: „Von uns das erste Bier ausgeschenkt, sehr gut und alles voll Leut. Michl und Müller von Höhenkirchen solche Räusch, dass sie zehnmal umgeworfen." Das hat schon manchen Besucher der Ayinger Brauerei schmunzeln lassen und dem „Michl" zu einer vielleicht wenig schmeichelhaften Berühmtheit bis nach China und in die USA verholfen. Der Weg in die Moderne führt in Aying vorbei an der Vergangenheit. Johann Liebhard,

der einst die nun hinter Glas präsentierten Zeilen verfasste, August Zehentmair, Maria Kreszenz und Franz Inselkammer – in der Eingangshalle der Brauerei Aying sind sie allgegenwärtig, der Gründungsvater dieses traditionsbewussten Familienunternehmens und seine Nachfahren.

Kellergewölbe und sogar ein Sommelier: In Aying weiß man, wie man die Qualität des Bieres richtig zelebriert.

Es sind mehr als nur alte Schwarzweiß-Fotos, die bei einer Besichtigungstour durch das 1999 errichtete hochmoderne Brauereigebäude daran erinnern, dass in Aying schon seit sechs Generationen Bier gebraut wird. Es ist ein bisschen so, als wache der Geist der Ahnen über alledem und beflügele die Familie, die Marke Ayinger trotz immer neuer Herausforderungen mit den bewährten Werten wie Beständigkeit und Verwurzelung in die Zukunft zu führen. Und spätestens, wenn

Franz Inselkammer Junior, 29 Jahre alt und seit 2011 gemeinsam mit seinem Vater Franz und seiner Mutter Angela Geschäftsführer des Unternehmens, beginnt, über Tradition und Heimat, über Verankerung in der Region, über Familie und Verantwortung zu sprechen, lässt sich erahnen, worin das Geheimnis dieser vergleichsweise kleinen Privatbrauerei liegt: Nur so bleiben sie konkurrenzfähig und die Großen der Branche können ihr keine Angst einjagen, geschweige denn gefährlich werden.

Dabei ist Franz Inselkammer junior der erste der Familie, dem man die Berufswahl selbst überlassen hatte. Er hätte also auch etwas ganz anderes werden können, dennoch ist er in Andechs in die Brauerlehre gegangen und hat anschließend Betriebswirtschaft studiert. Er sagt: „Was gibt es Schöneres, als der Bräu von Aying zu sein?“ Wenn die Familie um den Tisch sitze, werde stets über das Geschäft gesprochen, die Inselkammers könnten gar nicht anders, der Junior hat das verinnerlicht: „Die Brauerei sind wir, wir sind die Brauerei.“ Er hätte auch sagen können: „Die Brauerei ist

Holzfass, Wechsel und Schlegel sind inzwischen Museumsobjekte. In Aying wird das alte Zubehör in der auf das Modernste eingerichteten Brauerei ausgestellt.

Aying und Aying ist die Brauerei“ – so stark sind die Bande zwischen Unternehmen und der 4 800-Einwohner-Gemeinde am südöstlichen Rand des Landkreises München. Nicht nur, weil es dort tatsächlich genauso ausschaut wie auf dem Etikett der Bierflaschen – noch immer.

Bier ist heute ein Genussmittel, das früher zur Grundnahrung gehörte. Der Begründer der Ayinger Biertradition braute vornehmlich für seine eigenen Knechte und Mägde.

Der Einstieg ins Bier-Geschäft vor 134 Jahren hatte für Johann Liebhard einen ganz praktischen Nutzen. Von seinen Eltern hatte er das land- und forstwirtschaftliche Anwesen „Zum Pfleger“ mit Tafernwirtschaft und Metzgerei übernommen, 13 Knechte und Mägde arbeiteten damals für die Familie. Und jedem standen laut Arbeitsvertrag pro Tag zwei Liter Bier zu. Schließlich mussten sie körperlich hart arbeiten. Bier galt als besonders nahrhaft und zudem wesentlich gesünder als Wasser, da es abgekocht und somit keimfrei war. Da lag die Überlegung nahe, das Bier selbst zu brauen. Ungewöhn-

lich war dies nicht, zumal der Nachbar Anton Schuster im Sixthof schon 1873 eine Brauerei gegründet hatte. So agierten Liebhard und seine Frau Maria vorausschauend, wie man heute weiß. Ihre Nachkommen haben mit unternehmerischem Geschick daraus ein erfolgreiches mittelständisches Unternehmen geformt. Damals sind zahlreiche Brauereien in Bayern aus bäuerlichen Strukturen heraus entstanden. Von einst rund 6 000 gibt es heute allerdings nur noch 650 Betriebe. Auch der benachbarte Sixthof musste früh wieder aufgeben, 1897 kaufte Liebhard das Anwesen. Heute sind darin das von Franz Inselkammer eingerichtete Heimatmuseum und das Bräustüberl untergebracht.

Liebhards älteste Tochter Maria heiratete 1904 den Landwirtssohn August Zehentmair aus Perlach, bald übernahmen die beiden die

Das Wasser aus dem eigenen Brunnen, das Getreide aus der näheren Umgebung – Ayinger Bier genießt einen ausgezeichneten Ruf, bei Konsumenten wie Juroren.

Ausflugsziel für Münchner und Treffpunkt der Einheimischen ist der Biergarten von Liebhards Bräustüberl.

Leitung des Unternehmens. Sie führten es durch die wohl schwierigste Zeit, während des Ersten Weltkriegs war Maria auf sich gestellt, das zugewiesene Malzkontingent schrumpfte auf ein Maß von nur 15 Prozent des ursprünglichen Umfangs – es gab nur noch Dünnbier. Die folgende Wirtschaftskrise machte es nicht leichter, dann brannte auch noch ein Wirtschaftsgebäude ab. Für den Bau des Brauereigasthofs 1923 mussten sie Geld aufnehmen, die Banken machten Druck. Doch mit der Technisierung ging es mit der Brauerei aufwärts. 1926 wurde eine Flaschenfüllanlage angeschafft, 1927 der erste Lastwagen. Der Ausstoß stieg, der Kundenkreis wurde erweitert.

Nach dem Tod Zehentmairs 1936 übernahm die dritte Generation die Geschäfte: die älteste Tochter Maria Kreszenz mit ihrem Mann Franz Inselkammer, maßgeblich unterstützt durch die zweite Tochter Annie Zehentmair. Nach dem Zweiten Weltkrieg investierten sie massiv in die Brauerei, sie kauften die berühmte Volkssängerbühne „Platzl" in München und führten damit die Marke endgültig in der Stadt ein. Zudem machten sie den Brauereigasthof zu einem angesehenen Hotel und Restaurant mit gehobener bayerischer Küche. Sohn Franz trat 1963 in das Unternehmen ein, er hatte in Weihenstephan seine Braumeisterprüfung abgelegt und ist Diplomkaufmann. Unter seiner Führung rückte die Qualität der Biere noch mehr in den Mittelpunkt der Unternehmensphilosophie.

Dass die rund 120 000 Hektoliter im Jahr nach dem Reinheitsgebot gebraut werden, versteht sich von selbst. Das Wasser stammt mittlerweile von eigenen Mineralwasserbrunnen, das Getreide traditionell aus eigenem Anbau oder aus maximal 50 Kilometern Entfernung. „Wir wissen, auf welchen Feldern unsere Rohstoffe wachsen", betont der Junior. Zahlreiche Auszeichnungen haben die zwölf Ayinger Biersorten so erhalten. Alles echte Biere, weder alkoholfrei noch Mixgetränke, und alle mit einer entscheidenden Zutat, wie Franz Inselkammer gerne betont: Mit der Seele von Aying.

Iris Hilberth

Hoher Besuch in der Dorfidylle

In Liebhards Bräustüberl kehren auch Staatsgäste ein

Bayerische Dorfidylle wie aus dem Werbeheft des Tourismusverbands. Vermutlich hat auch deshalb die Münchner Staatskanzlei dieses Fleckchen Oberbayern unweit der Landeshauptstadt vor einigen Jahren als beliebte Station für ausländische Staatsgäste entdeckt. Der Ayinger Dorfplatz mit Maibaum, der Brauereigasthof samt Hotel und mehrfach ausgezeichneter gehobener Küche und direkt gegenüber das alte, frisch renovierte Herrenhaus und der Biergarten von Liebhards Bräustüberl. Edmund Stoiber hatte nach dem Besuch mit der russischen Delegation den Ayingern zumindest ausdrücklich versichert: „Auf Herrn Putin hat Aying einen sehr guten Eindruck gemacht." Seither sind gewichtige Politiker regelmäßig zu Gast. Die Gouverneurin von St. Petersburg etwa, der angeblich zweitwichtigste Chinese, immerhin, und die Kronprinzessin von Schweden. Dank Putin. Von dessen Besuch erzählt man sich in Aying, dass sein Wirtschaftsminister nach exzellentem, wohl durchdachtem und vorgekostetem Vier-Gänge-Menü im Brauereigasthof zu später Stunde doch noch Schweinswürstl mit Sauerkraut wünschte. Dem Mann konnte geholfen werden. Dank Liebhards Bräustüberl.

Eine der Bierspezialitäten der Ayinger Privatbrauerei: der Celebrator, ein dunkler Doppelbock.

Besonders der Biergarten der Gastwirtschaft in dem ehemaligen Brauereigebäude des Sixthofs ist weithin bekannt, ein beliebtes

Ein Stückchen Bayern, wie Touristen es sich vorstellen, dazu gepflegte Gastlichkeit: Auch Staatsgäste wie Prinzessin Viktoria von Schweden werden in Aying empfangen.

Ausflugsziel vieler Münchner und Treffpunkt der Einheimischen. Inmitten der Ortschaft unter großen Kastanien, die gehegt und gepflegt werden, damit sie nicht der Miniermotte zum Opfer fallen, bietet er rund 500 Besuchern Platz. Ganz klassisch gibt es den mit Tischdecken versehenen Bereich mit Bedienung, aber auch einen Teil, in dem man sein Essen selbst mitbringen oder an der Selbstbedienungstheke holen kann. Selbstredend stehen verschiedene Bierspezialitäten auf der Karte, vom Altbairischen Dunkel über Liebhards Kellerbier bis hin zum Celebrator, dem dunklen Doppelbock, wenngleich die meisten doch zum populären Hellen oder Weißbier greifen. Besonders beliebt: Liebhard's Riesenschnitzel, schön resch gebraten – es hat seinen Namen verdient, ragt es doch auf beiden Seiten über den Teller.

Wem vor der Einkehr bei den Wirten Walter Pacher und Josef Drexler noch nach etwas Bewegung ist, der kann sich durch die sanfte Hügellandschaft rund um Aying auf eine kleine Wanderung begeben. Der Alpenblick ist ihm gewiss, wenn er vom Bahnhof aus über die Pfarrkirche Sankt Andreas erst nach Großhelfendorf und dann weiter nach Kleinhelfendorf bis zur barocken Wallfahrtskirche Sankt Emmeram aufbricht. Gut zwölf Kilometer lang ist diese Rundtour, die in etwa dreieinhalb Stunden zu bewältigen ist.

Iris Hilberth

Flüssige Dividende

Klosterbrauerei Reutberg: Genossen garantieren den Absatz und den Fortbestand

Zwei Mass Bier und ein Essen, meist ein Hendl, das ist die Dividende, die auf der Hauptversammlung der Klosterbrauerei Reutberg ausgeschüttet – na ja! – aufgetischt wird. Zum jährlichen Treffen findet sich etwa die Hälfte der insgesamt 5200 Genossen im eigens dafür aufgebauten Bierzelt auf dem Reutberg ein. Die Dividende sei in der Regel zu Beginn der Sitzung um 20 Uhr bereits konsumiert, berichtet Geschäftsführer Stephan Höpfl. Der Vorstandsvorsitzende August Maerz umschreibt das große Vorglühen diplomatisch: Um 18 Uhr finde vor der Jahreshauptversammlung eine Gedenkfeier

Mit dem Prädikat „Bodenständig und echt gut“ wirbt die Klosterbrauerei Reutberg. Logisch, dass das auch für die Zutaten wie den Hopfen gilt.

für die verstorbenen Mitglieder statt. Da die Klosterkirche zu klein sei für alle Genossen, reservierten sich eben viele schon ihren Platz im Bierzelt für die Versammlung.

„Bodenständig und echt gut" ist der Slogan, mit dem die Genossenschaftsbrauerei Reutberg nahe Bad Tölz für sich wirbt. Seit 1677 wird dort Bier gebraut, die Nonnen des Franziskanerinnenklosters wollten das offenbar lieber als Wasser. Da war es mit der Ruhe vorbei im Oberland. 1786 berichtet der Chronist von einem starken Zulauf Reisender aus allen bayerischen Gauen und fernen Landen, die sich eine Gabe an der Klosterpforte erhofften, vor allem ein Krüglein Eigenbräu. Als die Franziskanerinnen 1904 in Erwägung zogen, den Braubetrieb aufzugeben, wurde die Nachbarschaft unruhig. Man drohte dem Kloster angeblich sogar mit Anzünden.

Bis heute hat die Brauerei gewaltige Änderungen erfahren, sie wurde säkularisiert, sie wurde genossenschaftlich organisiert, doch die Sympathien sind ihr weiterhin

Klein aber oho: Die mittelständische Brauerei ist genossenschaftlich organisiert und vieles wird dort noch in Handarbeit erledigt.

sicher. Ihr Image ist hervorragend und die Umsätze derzeit ebenfalls. Viele möchten gerne eine Beteiligung erwerben – zu viele, deshalb hat der Vorstand zu Jahresbeginn einen Aufnahmestopp verkündet. Wer jetzt noch Genosse werden will, wird erst eingeführt, wenn ein anderer stirbt oder aufgibt. Mehr als 5200 Mitglieder könne der Dachverband kaum verkraften, ins Bierzelt passe sowieso nur die Hälfte, und falls mehr zur Hauptversammlung kämen, reiche die Dividende gar nicht für alle, sagt Geschäftsführer Höpfl.

Mit dem Wachstum hat sich auch die Zusammensetzung geändert. Früher engagierten sich Bauern und Handwerker aus den umliegenden Dörfern, die verhindern wollten, dass ihre Brauerei einem Großkonzern zum Opfer fällt. Heute sichern auch mehr als 2000 Münchner und viele Menschen aus dem Großraum München die Eigenständigkeit des mittelständischen Betriebes auf dem idyllisch gelegenen Reutberg. Es gibt auch Genossen in Berlin, in den USA, in Frankreich und Italien. Bayerns Wissenschaftsminister Wolfgang Heubisch ist Genosse, ebenso wie

Für die Jahreshauptversammlung in Reutberg wird eigens ein Festzelt aufgestellt. Dort warten die Genossen auf die „Ausschüttung" der Dividende.

die Bundesministerin für Ernährung und Landwirtschaft, Ilse Aigner, oder der ehemalige stellvertretende Vorsitzender der CDU/CSU-Bundestagsfraktion, Friedrich Merz. Letzteren hat allerdings noch nie jemand hier gesehen. „Der ist erst seit einem Jahr dabei, vielleicht kommt er noch", hört man. Vielleicht wolle Merz sein Geld einfach lieber in Bier als in Euro anlegen, meint der Vorsitzende Maerz.

Ein Genosse muss offenbar in erster Linie Bier trinken, Reutberger Klosterbier, versteht sich. Gebot Nummer zwei: Der Genosse soll viele Menschen dafür werben, ebenfalls Reutberger Klosterbier zu trinken. Wer andere Ziele hat, muss das vor dem Versammlungstermin schriftlich einbringen. Der Vorstand – alle drei Vertreter sind aus der Nachbarschaft der Brauerei – hat die Genossen im Griff. „Im vollen Bierzelt ‚Wünsch dir was' spielen – da kämen wir nicht weit", sagt Maerz. Er erinnert sich an einen Antrag, die Dividende auf drei Maß zu erhöhen – mit solchen Anliegen wolle sich der Vorstand vor der Versammlung nicht auseinandersetzen. Für ihre Brauerei sind die drei Genossenschaftsvertreter allerdings jederzeit einsatzbereit. Ist Not am Mann, fährt Vorstandsvorsitzender Maerz, der einen Zimmerer- und Dachdeckerbetrieb hat, auch mal selbst das Bier aus. Jeder – egal ob Vorstand, Geschäftsführer, Aufsichtsrat, Bierfahrer oder Genosse – ziehe am gleichen Strang, sagt Maerz. „Gemeinsam sind wir stark", heißt der Slogan. Der Einsatz für die eigene Sache, der viel beschworene „Geist von Reutberg", ist spürbar rund ums Brauhaus am Franziskanerinnenkloster. Die Genossenschaft gründeten Bauern aus der Gegend mit einem Pfarrer , als der Erste Weltkrieg und die Inflation der Brauerei so zusetzten, dass sie beinahe geschlossen werden musste.

Der Vorsitzende bringt die flüssige Dividende selbst zum Sprudeln. Zwei Maß stehen jedem der 5 200 Genossen zu.

Der viel zitierte Geist von Reutberg – an einem Sommerabend im Biergarten des ehemaligen Franziskanerinnen-Klosters kommt man ihm garantiert nicht aus.

Der revolutionäre Geist wurde erst in den Achtzigerjahren entfacht, als die Selbständigkeit bedroht war. Adolf Förg, der dritte im Vorstand, ehemals Bierfahrer und Brauer auf dem Reutberg und seit rund 60 Jahren Genosse, hat den Aufstand damals mit angeführt. Es kam zum Showdown im Bierzelt, wo der gesamte Vorstand und der Aufsichtsrat zum Rücktritt gezwungen wurden, weil sie die Fusion mit der Brauerei in Holzkirchen vorbereitet hatten. Die Geschichte gibt den Aufständlern von damals recht, deshalb wird sie auch immer wieder auf Versammlungen und in Festreden beschworen: Inzwischen gibt es nämlich die Brauerei Holzkirchen nicht mehr, auch fast alle anderen Brauereien im Umkreis wurden geschluckt. Inzwischen gehören selbst die „Großen“ aus München internationalen Konzernen. „Da braucht bei

uns gar keiner kommen“, heißt es im Vorstand der Genossenschaftsbrauer drohend.

Die Genossen stehen zusammen. Jeder hier kennt Geschichten über Brauereien, die aufgeben mussten. Der Wille zur Eigenständigkeit wird schon mit der Auswahl der Vorstandsmitglieder dokumentiert: Förg hat den Aufstand selbst miterlebt, der zweite Vorsitzende, Johann Kappelsberger, ist Sohn des gleichnamigen langjährigen Vorsitzenden, der auch ein klarer Gegner der Fusion war. Und auch der Isarwinkler Maerz ist überzeugt von dem, was er tut. Warum er Genosse in Reutberg wurde? Er sei rund 150 Meter von der Schlossbrauerei Hohenburg aufgewachsen, erzählt er. Die wurde erst von Spaten übernommen, 1994 dann zerschlagen. „Das hat mir furchtbar gestunken.“

Birgit Lotze

Badeseen und Langlaufloipen

Das Bräustüberl des Klosters hat einen Biergarten und ist ein ideales Ausflugsziel

Nicht nur das Bier, auch die idyllische Lage und seine Umgebung machen den Reutberg zu einem beliebten Ausflugsziel. In der schönen barocken Klosterkirche wird das berühmte „Reutberger Christkind" verehrt, auch Ordensschwester Fidelis Weiß ist dort beigesetzt, die den Ruf einer Heiligen hat. Vom Biergarten des Kloster-Bräustüberls, in der die Erzeugnisse der Klosterbrauerei ausgeschenkt werden, hat man eine phantastische Aussicht auf die Berge des Isarwinkels und des Karwendelgebirges. Vom Reutberg aus sind auf meist autofreien Wegen Badeseen zu Fuß und mit dem Rad erreichbar. Im Winter führt von Bad Tölz zum Reutberg auch eine Loipe, die landschaftlich zu den schönsten Deutschlands zählt und mit kurzen knackigen Anstiegen und langen gemütlichen Abfahrten alles andere als langweilig angelegt ist.

Wer mit öffentlichen Verkehrsmitteln von München kommt, dem bietet sich eine verhältnismäßig lange Wanderung von 20 Kilometern an, die mit Hilfe der Bayerischen Oberlandbahn (BOB) bewerkstelligt werden kann. Sie führt über 20 Kilometer von Holzkirchen über den Hacken- und den Kirchsee zum Kloster Reutberg und endet nahe des Bahnhofs Schaftlach. Auch vom Bahnhof in Reichersbeuern besteht die Möglichkeit für eine landschaftlich schöne, weitgehend ebe-

Eine Idylle im Oberland ist das Bräustüberl des Klosters, in dem früher Nonnen Reisende verköstigten.

In der schönen barocken Klosterkirche wird unter anderem das berühmte Reutberger Christkindl verehrt.

ne Rundwanderung mit dem Ziel Reutberg. Der Rückweg ist im Wald streckenweise verzwickt, und man muss auch ein kurzes Stück die B13 entlang gehen, ehe man auf den Wanderweg nach Reichersbeuern trifft.

Wer nicht mit der BOB fährt und das Auto benutzt, kann am Klosterstüberl parken. Es empfiehlt sich, erst nach der Tour dort einzukehren. Vom Reutberg aus geht man in eineinhalb bis zwei Stunden durch den Dietramszeller Wald zum Kloster Dietramszell und zurück. Vielleicht nicht ganz so meditativ, aber großartig ist eine 13-Kilometer-Rundtour über etwa vier Stunden vom Kloster Reutberg zum Kirchsee, an dessen Ufer entlang, vorbei an Weihern, durch Wald und über kleine Sträßchen wieder zurück. Es empfiehlt sich je nach Jahreszeit, Badesachen oder Schlittschuhe dabei zu haben. Dann gibt es noch den Sachsenkamer Rundweg, bei dem Wanderer und Radfahrer auf zehn Kilometern einmal das Dorf Sachsenkam umrunden (Start ebenfalls am Parkplatz am Reutberg). Vor allem im Winter beliebt ist die Wanderung an vier idyllischen Weihern vorbei durchs Grötzerholz und zurück über etwa 13,5 Kilometer. Wer möchte, kann bei guten Schneeverhältnissen auch den Kirchsee auf Langlaufskiern umrunden. Außerdem führt am Kloster Reutberg der südbayerische Teil des Jakobswegs vorbei. Die Touren sind in der Regel gut ausgeschildert.

Birgit Lotze

Ein ideales Ausflugsziel ist die Gegend um Kloster Reutberg das ganze Jahr über. Im Sommer locken die Badeseen, im Winter eine der schönsten Loipen Bayerns.

Naturtrübes aus dem eigenen Keller

Hausbrauereien erobern sich mit ihren Spezialitäten viele Fans

Die Nostalgie darf beim hausgemachten Bier nicht fehlen. Die Giesinger Biermanufaktur setzt auf Bügelflaschen und kolorierte Etiketten.

Die Kunst des Bierbrauens lässt sich im Prinzip auch in der Küche ausüben, etwa mit einem 20-Liter-Einmachkochtopf. Oder mit einem alten Waschbottich, so wie er im Keller eines Mietshauses in der Richelstraße 26 im Münchner Stadtteil Neuhausen steht. Aber auf ganz so kleiner Flamme wollte Günther Baumann seinen Traum vom eigenen Bier nicht köcheln. Zu seinem 50. Geburtstag beschenkte er sich daher selbst, mit einer kleinen Brauanlage. Zur 850-Jahrfeier Münchens im Jahr 2008 wurde im Richelbräu zum ersten Mal frisch gebrautes Casa Nova-Bier ausgeschenkt. Der Name ist sowohl eine Anspielung auf den Stadtteil als auch auf den großen italienischen Verführer. Denn Bier und Erotik, das ist für Baumann eine unschlagbar würzige Verbindung.

Gemessen an den Großbrauereien der Stadt ist der Richelbräu ein Zwerg: Wöchentlich werden 70 bis 80 Liter abgefüllt. Beim

Hauptzollamt München sind rund hundert solcher Mikro-Brauereien gemeldet, auch sie müssen für alles, was zwei Hektoliter jährlich übersteigt, Biersteuer berappen. Wie hoch der Ausstoß aller Münchner Haus- und Hobbybrauer ist, die sich jeden ersten Donnerstag im Monat am Stammtisch in der Gaststätte „Zwingereck" in der Innenstadt zum Fachsimpeln treffen, kann das Zollamt nicht sagen. Ihr Anteil am gesamten Biersteueraufkommen – 42 Millionen Euro im Jahr 2011 – dürfte aber wohl noch weit niedriger

Die Neuhauser Hausbrauer vom Richelbräu befinden sich auf Erfolgskurs, auch wenn der wöchentliche Ausstoß für die Großen nur ein „Noagerl" ist.

sein als die Schaumkrone auf einer frisch gezapften Maß.

Der Soziologe und Politologe, Kleinverleger und Autor Baumann ist – wiewohl als Sohn eines Braumeisters im Fränkischen mit dem Duft von Malz und Maische aufgewachsen – vor allem der kreative Kopf des Richelbräus. Das Brauen übernehmen meist

Angenehme Überraschung: Weil das Malz nicht im Labor getestet wird, schmeckt das Bier des Richelbräu jedes Mal ein bisschen anders.

Alois Kick, Hundetrainer, Hausverwalter und einer der Mieter in der Richelstraße 26, sowie Jakob Michel, ein ehemaliger Augustiner-Braumeister, manchmal auch Bob Leonhard aus Kalifornien. Bob, der Brauer, experimentiert gerne, mit Pale Ale oder Guinness, wie seine Kollegen erzählen. Kick, der seine Grundkenntnisse im Brauen per Volkshochschulkurs (mit dem erwähntem Kochtopf) erworben und durch Fachbücher, Internetrecherche und Learning by doing verfeinert hat, hält sich ans bayerische Reinheitsgebot: Wasser, Malz, Hopfen und Hefe. Die ersten Sude gerieten nicht perfekt, erinnert sich der 56-Jährige, mal war zum Beispiel zu wenig, mal zu viel Kohlensäure im Bier. „Wegschütten aber mussten wir nur einen Sud, der Rest war immer trinkbar“, betont Kick.

Helles, dunkles und helles Weißbier, Starkbier, Weihnachtsbock, Pils, Rauchbier, Festbier, Märzen und Maibock sind in den Kellergewölben des vierstöckigen Hauses, die die Mieter für die Hausbrauerei frei räumen mussten, schon abgefüllt worden. Alle Biere sind ungefiltert, also naturtrüb und nur wenige Wochen haltbar, weil sie auch nicht pasteurisiert werden. Und da der kleine Richelbräu anders als die Großbrauereien die Inhaltsstoffe des Malzes nicht jedes Mal im Labor untersuchen kann, schmeckt das Bier immer wieder ein bisschen anders. „Das ist jedes Mal eine kleine Überraschung.“ Die erstaunliche Produktvielfalt war übrigens auch dem Umstand geschuldet, dass Günther Baumann schon mal Bierdeckel mit zehn verschiedenen Sorten gestaltet hatte, noch ehe das erste Casa Nova überhaupt im Sudkessel köchelte. „Das hat mich“, sagt Kick in seiner zurückhaltenden Art, „schon ein bisschen unter Druck gesetzt“.

Da Baumann nur für seinen Gärkeller-Verlag, in dem unter anderem „Casa Nova – Kritisches Magazin für Bierkultur, Erotik und Politik“ erscheint, ein Gewerbe angemeldet hat, nicht aber für die Mini-Brauerei, darf er sein Bier nicht verkaufen. Es kann verkostet werden, im Keller-Stüberl oder im „Probiergarten“ im Hof (den man auch „Pro-Bier-Garten“ schreiben könnte), beim Richelstraßenfest oder wenn Baumann im Keller mal wieder eine Ausstellung eröffnet, über Casanova, über die Geschichte des Schäffler-

Den Traum vom eigenen Bier erfüllte sich der Neuhausener Günther Baumann zu seinem 50. Geburtstag. Er kaufte sich eine Brauanlage und braute Casa Nova.

Die Anfragen kommen bis aus China. Die Casa Nova-Biere machen viele neugierig. Der Name ist die latinisierte Form von Neuhausen.

tanzes, über den Untergang der Titanic. Auch im Eintrittspreis für die Besichtigung von Brauerei und Galerie ist eine Bierprobe inbegriffen. Bier, das ist für Baumann und seine Mitstreiter nicht nur ein, nein: das Genussmittel schlechthin, es ist auch Begegnung. Ein lohnendes Geschäft ist es nicht im Falle des Richelbräus, in dem vom Schroten des Malzes übers Säubern der Flaschen und Aufkleben der Etiketten das meiste in Handarbeit geschieht. Baumann deutet lachend auf einen Zettel, der an seiner Bürotüre hängt. „Dieses Unternehmen macht keinen Profit. Das war nicht so geplant, aber das hat sich so ergeben."

Wie beim Bier, gärt es auch in Baumanns Kopf, immer wieder kommt, wie eine Schaumblase, eine neue Idee an die Oberfläche. Vor zwei Jahren hat der Neuhauser gemeinsam mit 30 Gleichgesinnten vom Hobbybrauer-Stammtisch eine Bewerbung für die Jubiläumswiesn abgegeben. Warum, argumentierten sie, sollten immer nur dieselben sechs Großen zum Zuge kommen? Natürlich wurden die Vorwitzigen abgebügelt. Derzeit denkt Baumann nach über die Einrichtung einer Versuchsbrauerei im verwinkelten Keller, der vollgestellt ist mit Säcken

Den Hobbybrauern genügen noch kleine Margen an Zutaten. Sie lagern im Keller, wo Baumann schon eine Versuchsbrauerei plant.

voller Malz, mit Kühlschränken, Spülen, Sesseln, Tischen und Gläserregalen, und in dem beinahe jeder Zentimeter Wand mit Fotos oder Plakaten behängt ist.

Schön – aber leider teuer – wäre auch eine größere Anlage. Denn „ob 70 oder 700 Liter Ausstoß, die Arbeit ist dieselbe", sagt Kick. Dann könnte der Richelbräu nicht nur das Begehren von Nachbarn und Kneipenwirten im Viertel stillen, sondern expandieren. Auf dem Weltmarkt! Schließlich hat schon im Jahr 2009 ein Student aus Peking, der im Internet auf die Webseite des Richelbräus gestoßen war, Baumann per E-Mail wissen lassen, dass er gerne den Vertrieb von Casa Nova-Bier in Nordchina managen würde: „Bier aus München hat eine sehr gute Image in China."

Sonja Niesmann

Im kleinsten Hinterhof ist Platz für eine Brauerei. In der Giesinger Birkenau hat die Biermanufaktur ihre Produktionsstätte, wo sie sogar Kurse anbietet.

„Sternhagel“ für Liebhaber

Die Giesinger Biermanufaktur bietet auch Braukurse an

Steffen Marx trägt seinen Beruf am rechten Unterarm. Eintätowiert sieht man einen Maibaum, verziert mit Wasser, Hopfen, Malz und Gerste. Der kräftige Brauer und Geschäftsführer der Giesinger Biermanufaktur ist ein uriger Typ. Freundlich duzt er seine Kundschaft, die den Weg in die Birkenau 5 findet, mitten im historischen Kutscherviertel Münchens. Sanft schiebt der Steffen Besucher am Ende eines kleinen kunterbunten Hinterhofs hinein in den Sudraum, der nicht größer ist als zwei Kellerabteile. Jeder kann in der Giesinger Hausbrauerei zuschauen, wie Produktionsleiter Florian Sommer das Bier direkt vom Kessel in die nostalgischen Bügelflaschen füllt. Mit der Hand wird auf jede Flasche ein schmuckes Etikett geklebt. Es zeigt die Heilig-Kreuz-Kirche am Giesinger Berg, in deren Schatten die kleine Privatbrauerei mittlerweile eine immer größere Fangemeinde findet.

Angefangen hat die erstaunliche Erfolgsgeschichte 2005. Von der Schnapsidee zur Bierbrauerei – so könnte man launig titeln, was bei einer kühlen Maß im Hirschgarten ausgegoren wurde. Steffen Marx, 1999 aus Mecklenburg-Vorpommern ins Bierland Bayern eingewandert, hatte mal zwei Semester Brauwesen in Weihenstephan studiert, Florian Sommer war tiefer in die Materie von Mälzen, Schroten und Maischen eingestie-

Die Auer Dult auf dem Mariahilfplatz ist das Nahziel der rührigen Brauer-Combo aus der Giesinger Biermanufaktur.

Biertrinker sind Individualisten. Nicht nur was Sorten betrifft, sondern auch die Trinkgefäße.

gen. Im Allgäu fand sich eine Brauanlage und in einer Untergiesinger Garage der passende Ort für das „Bierlaboratorium", wie die winzige Anlage passend zu ihrem Versuchsstadium damals hieß. Mittlerweile ist man umgezogen, beliefert zwei Handvoll Wirte und Getränkeläden in München, schenkt das fruchtige Bier mit herbem Abgang auf Straßenfesten in der Nachbarschaft aus und freut sich über etwa 80 Stammkunden. Die Mannschaft wurde um drei Azubis aufgestockt, der Betrieb in eine GmbH umgewandelt und der Ausstoß auf 1400 Hektoliter im Jahr gesteigert. Was angesichts von Großbrauereien wie Augustiner mit über einer Million Hektoliter nur ein „Noagerl" ist. Doch bald, kündigt Steffen Marx an, will man weiter expandieren und die „Auer Dult" anpeilen.

Was sich nicht ändern soll an der Giesinger Biermanufaktur, wie sie sich heute nennt, ist ihr lässig-kreativer Charme. Etwa bei den Namen für die zehn saisonalen Sorten des Giesinger Bräus: „Sternhagel" heißt das Starkbier mit 9,5 Prozent Alkohol, hinter der „Untergiesinger Erhellung" verbirgt sich ein naturtrübes Kellerbier. Dass Brauen kein Hexenwerk ist, kann jeder bei einem der beliebten Braukurse feststellen – alle zwei Wochen samstags laden die Giesinger dazu ein. Auf Wunsch kann der Gastbrauer sein Bier mit nach Hause nehmen – samt persönlichem Konterfei auf dem Etikett.

Manuela Warkocz

Steffen Marx arbeitet an einer bunten Bierpalette von „Erhellung" bis „Sternhagel".

Bastion des Brauwesens

Aus dem Sommerkeller, in dem früher Bier gelagert wurde, ist heute eine Partyzone geworden

Ist das ein Jubel, 1872 beim Internationalen Brauerkongress in Wien. Auf der Bühne präsentiert ein deutscher Ingenieur, Erfinder und Firmengründer seine Ideen für die Entwicklung einer Kühlmaschine. Was Carl von Linde vorträgt, lässt beim Fachpublikum die Stimmung hochschäumen, weil sich endlich die Lösung eines gravierenden Problems der Branche ankündigt: Die längerfristige Lagerung von Bier. Für Europas Brauer ist das ungefähr so bahnbrechend wie für Verkehrsplaner das Auftauchen des ers-

Das Isartal war ideal für die Anlage von Bierkellern. Die dazu gehörigen Gärten ziehen die Münchner in Scharen an.

ten Autobusses. Denn bis zur Entwicklung der Linde'schen Eismaschine müssen sie sich mit einer ziemlich archaischen Methode der Fass- und Flaschenlagerung behelfen: Diese führt tief in riesige, mit dem Eis zugefrorener Flüsse ausstaffierte Keller. In und um München graben die Biersieder ihre katakombenähnlichen Depots vorzugsweise in die Uferhänge der Isar. Dort herrscht von Hause aus Kühle, das Eis treibt im Winter gewissermaßen vor der Haustür vorbei und gestört wird weit und breit niemand, denn die Gegend ist vor hundert Jahren fast noch unbesiedelt. Problematisch sind nur milde Winter – dann muss das Eis aus den Tiroler Bergen herangekarrt werden.

Bestens erhaltene Spuren jener raumgreifenden Bierkultur sind im Pullacher Ortsteil Großhesselohe zu besichtigen, im 19. Jahrhundert eine Bastion des Brauwesens. Die passenden Geschichten dazu weiß Gemeindearchivar Erwin Deprosse.

Blasmusik, Kastanien und Kies sind die Zutaten für einen erfolgreichen Biergarten. Ein französischer Offizier erkannte das schon 1820 in Großhesselohe.

Die Waldwirtschaft, von den Stammgästen kurz WaWi genannt, ist seit fast 200 Jahren für die Münchner Inbegriff des Biergartens.

Wie er herausgefunden hat, geht die örtliche Hopfen-und-Malz-Tradition auf einen französischen Generalleutnant namens Jean-Baptiste Drouet d'Erlon zurück. Der Offizier, der für Napoleon noch bei Waterloo als treuer Kampfgefährte agierte, genoss in München wegen seines Einsatzes beim Tiroler Feldzug 1809 hohes Ansehen. Umgetauft auf den Namen Baron Schmid bringt ihn das bayerische Königshaus nach Napoleons Niederlage auf einem Landgut in Großhesselohe unter. Sein Heimweh münzt der Franzose in wirtschaftliche Kreativität um. 1820 macht er eine eigene Brauerei auf und lässt im Isarhang Kellergebäude errichten. Gleich hinter der Brauerei richtet er die Waldwirtschaft ein. Die „WaWi", seither eines der beliebtesten Ausflugsziele im Süden von München, ist also das Geschenk eines Franzosen. Wenn Gäste aus Pullachs Partnerstadt Pauillac – unweit der Weinmetropole Bordeaux – zu Besuch sind, erinnert man schon mal daran.

Deprosse bescheinigt dem Gründer des Brauhauses Großhesselohe, einer der Ersten gewesen zu sein, dem dämmerte, was einem Biergarten Gemütlichkeit verleiht: die Pflanzung schattiger Kastanien und die Aufschüttung von Kies, der das Sonnenlicht reflektiert. Graf d'Erlon wird später begnadigt und macht beim Militär seines Heimatlands noch eine steile Karriere. Sein Sohn Hippolyt bleibt dem Isartal treu, verkauft Gutshof und Brauerei 1835 aber an den ehemaligen Staatsminister Maximilian Josef Graf von Montgelas.

Der Graf lässt Brauhaus und Bierkeller vergrößern, zudem einen 40 Meter tiefen Brunnen graben. Nach seinem Tod geht der Besitz an den Augsburger Fabrikanten Karl Freiherr von Beck über. Ganz Schwabe, lässt Beck, um sich ein Fuhrwerk zu sparen, einen Kanal anlegen – das Bier soll vom Brauhaus direkt in die Lagertanks am Isarhang fließen. Diese Art des Transports bewährt sich jedoch nicht, vermutlich aus hygienischen Gründen.

In jene Zeit fällt der Bau der Eisenbahnstrecke München – Salzburg – Wien, die bei Großhesselohe über die Isar führt. Bauarbeiter kommen in Scharen in den kleinen Weiler vor den Toren Münchens, der es bereits zum „Belustigungsort“ für Naherholer gebracht hat. Der Bierkonsum steigt beträchtlich, schon weil Brauereibesitzer Beck gleich neben der Bahnbaustelle eine Schankhütte eröffnet. Es kommt zum Streit mit einem Thalkirchner Wirt, der die unwillkommene Konkurrenz und deren Gebräu madig macht.

Polonaise im Biergarten: Zum Morgendanzl kommen die Gäste schon lange vor der Frühschoppenzeit.

Endgültig auf Bier gebaut ist Großhesselohe von 1879 an. Bräu ist jetzt Georg Kalb senior, der sich eine imposante Modernisierung der Anlagen in den Kopf gesetzt hat. Er lässt Brauhaus und Mälzerei komplett umbauen. Zwei Jahre später schafft er ein faszinierendes Bauwerk: einen sogenannten Sommerkeller, in dem das etwas stärker gebraute und damit haltbarere Märzenbier für den Bedarf der heißen Jahreszeit eingelagert wird. Dieses gigantische Kellergewölbe, aufgefüllt mit 30 000 Zentnern Natureis, ermöglicht eine fast konstante Temperatur. Beliefert werden von hier aus viele Gasthäuser der näheren und weiteren Umgebung. Das Asamschlössl in Thalkirchen ist darunter, die Post in Forstenried, der Rabenwirt in Pullach sowie die Eierwiese in Grünwald. 1910 fällt die florierende Brauerei Großhesselohe dem Konzentrationsprozess im Braugewerbe zum Opfer. Ihre Rechte werden von der Spaten Brauerei abgelöst, der Betrieb stillgelegt, die Gebäude 1914/1915 abgebrochen. Das Ende vom bierseligen Lied: Eine Spezialfirma aus Karlsruhe holt die kupfernen Sudpfannen ab und fertigt daraus Granaten für den Ersten Weltkrieg.

Der Sommerkeller aber ist bis heute ein Musterbeispiel dafür geblieben, was man mit Phantasie aus baulichen Relikten machen

Trügerische Ruhe: Als Nachbarn der Waldwirtschaft einen früheren Zapfenstreich forderten, löste dies eine regelrechte „Revolution“ aus.

kann. Er dient einer Reitschule als Unterstand, später einer Kelterei als Weinlager und Produktionsstätte für Obstsäfte. Zeitweise ist das Gemäuer auch Film- und Fotoatelier, sporadisch sogar Unterrichtsraum der Musikschule Pullach. 1972 erwirbt der Konditormeister Hans Zoulek das 400 Quadratmeter große Gewölbe, das sich acht Meter unter der Erdoberfläche erstreckt und 1,40 Meter dicke Wände aufweist. Zoulek macht aus dem Bierlager von einst eine unterirdische Partyzone, den „Tassilo-Keller“. Dieser ist mit allen Schikanen ausgestattet: 1200-Watt-Disco-Anlage, Personen- und Lastenlift, raffinierter Beleuchtung sowie schmiedeeisernen Kerzenhaltern. Ein Ort, wie geschaffen für ritterliche Gelage oder andere stilvolle Feiern. Über das Ausmaß der Nutzung für Festivitäten aller Art haben sich Hans Zoulek und seine beiden Söhne lange mit der Gemeinde Pullach gestritten. Die Konflikte um Lärm und Parkplätze sind inzwischen bereinigt, das romantische Erbe der Brauerei Großhesselohe lebt.

Jürgen Wolfram

An der Wiege der Revolution

In der „WaWi" in Großhesselohe treffen sich die Vorkämpfer der Biergartenkultur

Eingefleischten Biergarten-Fans zu erklären, was es mit der Waldwirtschaft Großhesselohe auf sich hat, ist ungefähr so sinnvoll wie die Aufforderung, freiwillig höhere Getränkesteuern zu zahlen. Die „WaWi", wie ihre zahllosen Freunde sie zärtlich nennen, ist schlicht das nächste und beliebteste Ausflugsziel jenseits der südlichen Münchner Stadtgrenze. Vor etwa 200 Jahren von einem Franzosen gegründet, strotzt sie nur so vor Tradition. Früh wurde die Freiluft-Schänke zu einem Besuchermagneten. In den Annalen dick angestrichen ist der Pfingstsonntag des Jahres 1900; damals flossen 123 Hektoliter Gerstensaft durch die Kehlen der Besucher – ein bis heute gültiger Rekord.

1982 hat Wirt Sepp Krätz die geräumige, 1930 von der Spaten Brauerei erworbene Oase am Isarhochufer als Pächter übernommen und viel dafür getan, dass sie ihren ursprünglichen Charme bewahrt. Krätz bietet in seinem Freizeitparadies (Kinderspielplatz und Minigolfplatz gehören auch dazu) regelmäßig ein buntes Programm an. Allein in diesem Jahr gingen schon ein Waldfest, das Sommerfest „200 Jahre Biergarten", ein „Little American Oktoberfest" sowie ein „Morgendanzl" über die WaWi-Bühnen. Zudem versteht sich der Gastrobetrieb als erste Adresse für Jazzkonzerte. Was vielen Leuten wirklich unbekannt ist: Die Waldwirtschaft beherbergt

Feine Adresse: Die WaWi beherbergt ein nobles Restaurant mit bayerischer Traditionsküche.

Bis halb zehn Uhr darf abends im Biergarten „gedämpfte“ Musik spielen. Bier gibt es 45 Minuten länger – so ungefähr.

auch feines Restaurant mit Kachelofen-Stube. Serviert wird bayerische Traditionsküche „mit einer gewissen Eleganz“ und vielen hausgemachten Spezialitäten.

Unvergessen ist, wie die Waldwirtschaft 1995 zur Wiege der Biergarten-Revolution avancierte. Damals wollten lärmgeplagte Anwohner juristisch einen früheren Zapfenstreich erzwingen, was eine gewaltige Gegenbewegung auslöste. Deren Aktivitäten gipfelten in einer Demonstration mit 20 000 Teilnehmern auf dem Marienplatz. Bei solchen Volksaufläufen ist die Politik nicht fern, und so hagelte es Grußadressen aus dieser Richtung. Ob Christian Ude oder der Edmund Stoiber – es gab nur noch Biergartenfreunde, die von einer Verlängerung der Sperrzeiten nichts wissen wollten. Und auch in den Schwabinger Kneipen hatten Sepp Krätz, Ursula Seeböck vom Verein zur Förderung der Münchner Biergartenkultur und deren Freundeskreis plötzlich enge Verbündete, denn auch sie erhofften sich eine Lockerung der Trinksitten.

Letztlich ging es um anderthalb Stunden hin oder her, und alles endete mit einem Kompromiss: Bis halb zehn darf in der Waldwirtschaft gedämpfte Musik spielen, bis 22.15 Uhr wird gezapft, bis elf geräumt. So ungefähr. Alles natürlich besser als Schlusszeiten zwischen 21 und 21.30 Uhr, die vor der Biergarten-Revolution gerichtlich drohten.

Jürgen Wolfram

Die Wiesn stets im Blick: Im Garten steht eine Miniausgabe der Bavaria, zu deren Füßen das Oktoberfest stattfindet. Dort betreibt Wirt Sepp Krätz das Hippodrom.

Ochsengalle und Bilsenkraut

Auch das Bier unterstand Bayerns Herrschern: Das Reinheitsgebot und das Münchner Hofbräuhaus

Durstige Zeiten sind das damals gewesen. Das Geschrei nach Bier muss sogar so groß gewesen sein, dass sich die jeweils amtierenden Wittelsbacher Herrscher über die Jahrhunderte hinweg so einiges einfallen ließen, um Volk und Hofstaat zu befrieden und – ganz nebenbei – die eigenen Einnahmequellen sprudeln zu lassen: unter anderem mit der Brauverfassung von 1372, dem Münchner Reinheitsgebot 1487, dem Bayerischen Reinheitsgebot von 1516 und auch mit dem Bau einer eigenen Brauerei, nämlich dem Hofbräuhaus im Jahr 1589.

Neben Wein spielte Bier in München früher keineswegs eine so untergeordnete Rolle,

In München steht ein Hofbräuhaus – der Inbegriff bayerischer Bierseligkeit zieht Touristen an, aber auch Trachtler, die sich wiederum für die Touristen anziehen.

HB
Hofbräuhaus

Für einen Platz am Stammtisch im Hofbräuhaus muss „Mann" richtig gekleidet sein. Ohne Lederne, Trachtenhut und Gamsbart geht da gar nichts.

Für Traditionalisten ist das Hofbräuhaus der richtige Platz. Lange Zeit durfte es sich mit dem Attribut königlich schmücken.

wie lange angenommen wurde. Im Gegenteil: Bier war Grundnahrungsmittel, das nicht selten in den Haushalten in der Stadt von den Frauen hergestellt wurde – meist illegal. Denn schon sehr früh waren die Braurechte an das Herrscherhaus gebunden. Das vergab sie oder ließ selbst brauen. Die Vergabe von Braurechten war mit entsprechenden Abgaben und Steuern verbunden. Das änderte aber nichts daran, dass trotzdem munter in der Stadt für den Hausgebrauch gebraut wurde, mit Ingredienzien, die Bierliebhaber heute erschauern lassen würden.

Bis 1372 hatte sich die Lage in Sachen Bier massiv verschärft: Wegen gestiegener Malzpreise infolge schlechter Ernten wurden immer mehr offizielle Braurechte nicht mehr genutzt, gleichzeitig jedoch hatte sich die Zahl der Einwohner in München verdoppelt, was wiederum das Schwarzbrauen begünstigte – und die herzöglichen Einkünfte empfindlich schmälerte. Herzog Stephan II. wurde dies 1372 zu dumm. Er erließ, dass

künftig jeder brauen dürfe, „den es gelüstet“. Ein kluger Schachzug, mit dem der Herzog einerseits die Versorgung mit Bier gewährleistete, andererseits seine Einnahmen sicherte. Denn das Recht, selber zu brauen, war an die Genehmigung des Herzogs gebunden und zog entsprechende Abgaben nach sich.

So richtig fruchtete diese Reform allerdings erst im 15. und 16. Jahrhundert, als die verschlechterten klimatischen Bedingungen den Weinanbau zurückdrängten und die Nachfrage nach Bier verstärkten. Die Brauer kümmerten sich zunehmend professioneller um ihr Handwerk, allerdings litten sie auch weiterhin unter der leichten Verderblichkeit ihres Gebräus. Also mischten sie allerlei Kräuter hinzu, vom harmlosen Wacholder oder Ochsengalle bis hin zum lebensgefährlich-giftigen Bilsenkraut oder der Tollkirsche. Bereits 1447 wurde daher in München verordnet, dass Bier erst acht Tage nach dem Brauen ausgeschenkt werden durfte, um damit wenigstens eine gewisse Gärungszeit

Mehr als ein halbes Jahrhundert im Hofbräuhaus zu verbringen ist für manche unvorstellbar, für andere ein Traum.

festzulegen. Als dann 1486 in Landshut sehr detaillierte Vorschriften über den Brauvorgang erlassen wurden, die auch den Zusatz schädlicher Substanzen verbaten, wollte Herzog Albrecht IV. dem nicht nachstehen. Er verfügte am 30. November 1487, dass Bier aus nichts anderem gesotten werden dürfe als aus Hopfen, Gerste und Wasser, „und sonst nichts darein oder darunter tun oder man straffe es fuer valsch“.

Noch heute schwören Münchens Brauer alle zwei Jahre auf dem Viktualienmarkt, sich an dieses Reinheitsgebot zu halten, das später, 1516, unter den Herzögen Wilhelm IV. und Ludwig X. Teil der Landesordnung wurde. Dieses Gesetz beinhaltete ein Sommersud-Verbot, das 1539 präzisiert wurde. Wegen seiner schlechten Haltbarkeit durfte Bier nur zwischen Michaeli (29. September) und Georgi (23. April) hergestellt werden. Trotz aller Verordnungen blieb die Qualität des Bieres oftmals schlecht. Anders in Norddeutschland, wo die Braukunst fortschrittlicher entwickelt war. Vor allem das Bier aus Einbeck, einer Stadt in der Nähe von Hannover, galt als exzellent. Deshalb ließ sich der Münchner Hof nur allzu gern für besonders festliche Gelegenheiten von dort beliefern. Möglich war dies, weil die Einbecker ihr Bier stärker einsotten, sprich: dieses Bier einen höheren Alkoholgehalt hatte und damit haltbarer und transportabel wurde.

Der damals amtierende Herzog Wilhelm V. war jedoch permanent knapp bei Kasse und wollte nicht mehr für den wachsenden Durst seiner Gefolgschaft das teure Bier aus Einbeck importieren. Also beschloss er, 1589 ein eigenes Bräuhaus im Alten Hof zu bauen, das sogenannte braune Hofbräuhaus, benannt nach dem damals üblichen Braunbier. Seinen ersten Braumeister fand der Herzog in

Heimeran Pongratz, den er sich zunächst aus einem Benediktinerkloster in der Hallertau auslieh. Zuerst wurde im Hofbräuhaus nur Bier für den Hof gebraut, doch schon bald wurde der Ausstoß für den Verkauf erhöht. 1605 zum Beispiel wurden bereits 2256 Eimer Bier gebraut, wobei ein Eimer 64 Litern entsprach. Zwei Drittel davon leerte der Hof, ein Drittel wurde von den Münchnern erworben und getrunken.

Zu dieser Zeit hatte allerdings der Sohn Wilhelms V., Maximilian I. von dem 1602 ausgestorbenem Geschlecht derer von Degenberg, das Privileg geerbt, Weißbier zu brauen. Zunächst wurde im Alten Hof braunes und weißes Bier im Wechsel gebraut. Als jedoch die Nachfrage stieg, baute Maximilian I. eine zweite Braustätte, genau dort, wo sich heute das Hofbräuhaus befindet. 1607 war es fertiggestellt. Im selben Jahr begannen die bürgerlichen Brauer, sich über die höfische Konkurrenz zu beschweren. Denn die Wirte waren verpflichtet, ihr Bier nur von ortsansässigen Brauereien zu beziehen, aber auch das höfische, teure Weißbier zu verkaufen. Nachdem dieses zunächst gut ankam, weil es das ganze Jahr über gebraut wurde, nahm der Konsum in der zweiten Hälfte des 18. Jahrhunderts empfindlich ab.

Schließlich wurde die Braustätte im Alten Hof aufgegeben. Beide Biersorten wurden nur noch im 1808 umgebauten Hofbräuhaus am Platzl gebraut, das sich mittlerweile königlich nennen durfte. Dort war der Ausschank zunächst nur während der Bockbiersaison gestattet, denn auch diese spezielle Sorte wurde dort hergestellt. König Ludwig I. war es schließlich, der 1828 den dauerhaften Ausschank erlaubte. Damit war das Hofbräuhaus in seiner heutigen Form geboren.

Astrid Becker

Ein herrschaftliches Getränk: ursprünglich war das Bier aus dem Hofbräuhaus ausschließlich für den Wittelsbacher Hof bestimmt.

Verschleiß „in Minuto“

Der Hofbräukeller entstand aus dem Durst der Münchner

Dort, wo sich heute die Münchner unter kühlenden Kastanien mitten in Haidhausen so gern von der Sommerhitze erholen, begann 1896 ein neues Kapitel in der Geschichte von Hofbräu, das sich seit 1852 im Besitz des bayerischen Staates befand. Der Durst der Münchner auf das Bier des Hofbräuhauses war damals derart sprunghaft angestiegen, dass die Brauer mit der Produktion nicht mehr nachkamen. Bereits 1869 war daher an der Inneren Wiener Straße ein Bierkeller eingerichtet und langsam, aber sicher die Verlegung des Braubetriebs aus der Innenstadt nach Haidhausen vorbereitet worden. Am 22. Mai 1896, unter Prinzregent Luitpold, wurde zum letzten Mal im Hofbräuhaus Bier gesotten, zwei Jahre zuvor war mit dem Abbruch des alten Kellergebäudes und dem Neubau der Braustätte in der Inneren Wiener Straße begonnen worden. Am 10. August 1896 konnte schließlich dort das erste Bier hergestellt werden. Das Hofbräuhaus wurde kurze Zeit später, 1897, zu einem der berühmten Bierpaläste Münchens umgebaut – vom bekannten Architekturbüro Heilmann & Littmann.

Auch an der Inneren Wiener Straße wurde direkt von der Brauerei Bier ausgeschenkt – so wie es ohnehin längst nach dem Erlass von König Maximilian vom 4. Januar 1812 Tradition geworden war. Diese königliche Regelung betraf die Märzenkeller und „das Gästesetzen und den Minuto-Verschleiß der Brauer auf denselben“ und lautete: „Den hiesigen

Eine Oase mitten in Haidhausen ist der Biergarten des Hofbräukellers. Dort einen freien Tisch zu finden ist an schönen Tagen ein Glücksfall.

Ein Bekenntnis zu Weiß-Blau: Der Anspruch auf einen Stammplatz in einer Traditionsgaststätte muss entsprechend dokumentiert werden.

Bierbrauern gestattet seyn solle, auf ihren eigenen Märzenkellern in den Monaten Juni, Juli, August und September selbst gebrautes Märzenbier in Minuto zu verschleißen, und ihre Gäste dortselbst mit Bier u. Brod zu bedienen. Das Abreichen von Speisen und anderen Getränken bleibt ihnen aber ausdrücklich verboten."

Allerdings dürfte der Biergarten dort nicht von Anfang an die heutigen Ausmaße gehabt haben. Historiker berichten zumindest davon, dass sich der heutige Biergarten auf dem Gelände der ehemaligen Stallungen befindet. Genauere Angaben liegen nicht einmal der Brauerei vor. Wie auch immer es also wirklich war: Mehr als 90 Jahre lang wurde dort in der heute längst als Hofbräukeller weit über Münchens Grenzen bekannten Großgastronomie Bier gebraut, seit 1939 unter der Firmenbezeichnung „Staatliches Hofbräuhaus in München". 1980 fasste der Freistaat den Beschluss, die Brauerei nach Riem zu verlegen. Nach aufwendigen Planungsverfahren nahm sie 1988 dort ihren Betrieb auf. In der Inneren Wiener Straße blieben Gaststätte und Biergarten bestehen – beides führt seit vielen Jahren die Familie Steinberg, die auf dem Oktoberfest Wirte des Hofbräu-Festzeltes sind.

Astrid Becker

Die Kastanie ist der typische Biergartenbaum. Ihre Blätter spenden Schatten und Kühle. Wenn aber ihre Früchte reif sind, sind die Tage im Freien gezählt.

Hopfen – die Seele des Bieres

Der Hopfen gilt als Seele des Bieres, aber das grüne Gold verliert an Wert

Im Biergarten der Schlossbrauerei Au kann der Gast die Qualität des Hopfens an Ort und Stelle testen. Die Marktgemeinde Au gilt als Herz der Hallertau.

Wäre der Wettergott ein Hopfenpflanzer – der Rest der Bevölkerung würde wohl noch stärker mit ihm hadern, als dies ohnehin der Fall ist. Drei regenreiche Monate nämlich im Sommer zwischen Juni und August, das wäre für den Hopfen ideal, sagt Paul Springer. In diesen Tagen hoffen die Landwirte in der Hallertau auf Niederschläge. In seinem Hopfengarten oberhalb der Ortschaft Hirnkirchen (Markt Au) zupft Springer eine der hellgrünen Dolden ab und dreht sie zwischen den Fingern. Bis zur Ernte, die um den 25. August herum beginnt, müssen sich die kleinen Zapfen noch schließen. Und dafür wäre etwas Regen gut.

Dennoch ist der Hopfenbauer mit dem Verlauf der Saison zufrieden. In den Gerüstanlagen wiegen sich die sieben Meter hohen Pflanzen wie sattgrüne Fahnen im Wind. Schädlinge und Pilze stellten die Landwirte in diesem Sommer 2012 vor keine größeren Probleme. Und das Wichtigste: Anders als in den

drei Jahren zuvor haben Unwetter mit Hagelschauern die Hallertau – mit 15 230 Hektar das größte Hopfenanbaugebiet der Welt – bisher verschont. Paul Springers Familie hat sich seit Generationen ganz dem grünen Gold verschrieben. Er selbst schlug zunächst einen anderen Weg im Metallbau ein. Aber er habe die Arbeit draußen in der Natur vermisst, erzählt er. Auch Springers Sohn arbeitet im Betrieb mit, Tochter Veronika repräsentierte die Hallertau ein Jahr lang in aller Welt als Hopfenkönigin. Erst vor wenigen Tagen wurde ihre Nachfolgerin gekürt.

Wände aus grünem Gold wachsen in der Hallertau kurz vor der Erntezeit empor. Die Dolden des Hopfens mit ihren Bitterstoffen gelten als Seele des Biers.

Der Hopfen will jeden Tag seinen Herrn sehen, heißt ein Hallertauer Sprichwort. Paul Springer verfolgt die Entwicklung seiner Dolden ganz genau.

Seine Technikkenntnisse kommen Paul Springer nun zugute, denn der Hopfenbau ist heutzutage eine Mischung aus traditioneller Landwirtschaft und Hightech. Die Dolden werden auf den Höfen aufwendig getrocknet und lieferfertig verpackt. Einen Großteil der Geräte hat der 45-Jährige selbst gebaut – und mit Akribie ist er ständig dabei, weitere Details zu verbessern. Während seine Großeltern bis zu 30 Erntehelfer beschäftigten, kommt Springer mit zwei zusätzlichen Kräften aus, obwohl die Betriebe enorm gewachsen sind. Gehörten früher 4 000 bis 6 000 Stöcke dazu, sind es jetzt laut Springer zwischen 80 000 und 100 000. Was sich nicht verändert hat: Im Feld liegt die Qualität des Hopfens allein am Landwirt. Und da profitiere die Hallertau von der Erfahrung und der Vernetzung ihrer Bauern, sagt Springer stolz.

Springer ist einer von zwei Hopfenpflanzern in Hirnkirchen, vor 30 Jahren waren es noch 17. Und die Zahl geht weiter zurück:

Allein im vergangenen Jahr haben 70 Bauern in der Hallertau aufgegeben. Derzeit gibt es in den vier Landkreisen Freising, Kelheim, Landshut und Pfaffenhofen noch 1100 Betriebe. Wer durch die Hallertau fährt, dem bleibt diese Entwicklung nicht verborgen: Zwischen den grünen Hopfengärten, die diesen Landstrich seit Mitte des 19. Jahrhunderts prägen, zeugen kahle Holzgerippe davon, dass viele bereits aufgehört haben.

Und die Situation könnte sich weiter verschärfen, befürchtet nicht nur Springer. Nach einer kurzen Phase der Markterholung mit guten Vertragsangeboten kämpft die Branche nach Auskunft des Hallertauer Hopfenpflanzerverbands seit 2008 weltweit mit Überschüssen. Ein Grund dafür sind neue, ertragreiche Bittersorten. Die Hallertauer Landwirte können sich von dieser Entwicklung nicht abkoppeln, auch wenn ein Teil des Hopfens in der Region bleibt, zu den Abnehmern zählt zum Beispiel auch die Schlossbrauerei in Au. Doch etwa zwei Drittel der

Die Schlossbrauerei Au ist für ihre Biere in der Region bekannt. Die Kenner schwören auf das Naturtrübe, am besten vom Fass.

Die Unterlage muss stimmen: Wem eine Brotzeit zu wenig ist, dem bietet der Wirt des Schlossbräukellers Deftiges vom Grill oder aus der Pfanne.

Ernte gehen in den Export. Das traditionsreiche Anbaugebiet nördlich von Freising – in einer Urkunde wird bereits im Jahr 736 dort erstmals ein Hopfengarten erwähnt – liefert fast ein Drittel der Weltproduktion. Wer derzeit per Vertrag keine festen Preise vereinbart habe und seinen Hopfen frei auf dem Markt verkaufe, „der zahlt drauf", sagt Peter Doleschel, Leiter des Instituts für Pflanzenbau und Pflanzenzüchtung an der Landesanstalt für Landwirtschaft in Weihenstephan.

Spätestens 2014/15 laufen die meisten Verträge aus. Um zu verhindern, dass sich der Strukturwandel fortsetzt, gibt es nach Auffassung von Springer nur einen Weg: Mit einer Flächenkontingentierung ab einer Größe von etwa 20 Hektar könnten Produktionsmenge und Preise stabil gehalten werden. In diesem Punkt müsse in der Politik ein Umdenken stattfinden, auch die USA sollten nach Möglichkeit eingebunden werden, fordert der Hopfenpflanzer.

Ein Trend aber lässt ihn und seine Kollegen ein bisschen hoffen: Während in Deutschland Bierverbrauch und damit Hopfengabe seit Jahren zurückgehen, boomen in den USA die Craft Breweries, die kleineren, handwerklich arbeitenden Brauereien. Sie verwenden überdurchschnittlich viel hochwertigen Aromahopfen, wie Doleschel sagt – und setzen auf ganz neue Geschmacksrichtungen mit zum Teil sehr fruchtigen Noten. Auch deutsche Brauer experimentieren bereits damit. Die Hallertau will sich da nicht abhängen lassen. An der Hopfenversuchsanstalt Hüll bei Wolnzach, die zur Landesanstalt gehört, werden in der Züchtung interessante, auffällige Aromen weiterverfolgt – früher wären sie ausgesondert worden. Vier Sorten, sogenannte „Flavor Hops", sind seit Anfang dieses Jahres für den Markt zugelassen, darunter die Sorte Polaris, die laut Doleschel nach Gletschereisbonbons riecht und über feine Zitrus-Aromen verfügt. Als Marktführer dürfe die Hallertau solche Trends nicht verschlafen, sagt Doleschel. Das sei eine „kleine Chance“, retten könnten die Flavor Hops den Markt aber nicht.

Immerhin gewinnt der Hopfen, der auf die Flasche umgerechnet weniger kostet als der Kronkorken, so wieder an Bedeutung. Für die Hopfenpflanzer seien die neuen Sorten vorerst aber nicht interessant, sagt Paul Springer, weil sie in der Praxis zu wenig erprobt seien. Er selbst kann einem fruchtigen Bier wenig abgewinnen, wie er zugibt. Ab und zu eine Maß eines gut gehopften Biers im Biergarten – das sei ihm viel lieber.

Petra Schnirch

Die heimliche Herrscherin über Biergarten und Gäste ist die Bedienung. Ihre resolute Art gilt in Bayern als Markenzeichen.

Einkehr in der Auffahrtsallee

Im Biergarten des Auer Schlossbräukellers gibt es auch Deftiges – nicht nur auf der Speisekarte

Der Biergarten des Schlossbräukellers in Au gehört zu den beliebtesten im Norden von München. Dabei ist er eigentlich noch dabei, an Tradition zu gewinnen, denn es gibt ihn gerade einmal seit zwanzig Jahren. „1989 ist er genehmigt worden", sagt Karl Ecker, der als Bürgermeister in unmittelbarer Nachbarschaft im Rathaus der Hallertauer Marktgemeinde residiert. „1993 ist der Biergarten eröffnet worden." Mittlerweile sind die Kastanien prächtig gediehen. Sie spenden den hungrigen und durstigen Radlern, die da von Freising aus die zwanzig Kilometer durch das Hügelland der südlichen Hallertau herbei fahren, wohlverdienten Schatten. Der Biergarten liegt mitten in der Marktgemeinde an der Hauptstraße. Doch die Besucher müssen keinen Lastwagenlärm oder Autoabgase mehr fürchten. Seit Dezember des vergangenen Jahres leitet eine Umgehungsstraße den Fernverkehr endlich um Au herum.

Seit 1846 sind Brauerei und Schloss in Au im Besitz der Freiherren Beck von Peccoz. Aktuell leiten Michael Beck von Peccoz und seine Schwester Caterina die Geschicke der benachbarten Brauerei. Wo sich heute der Biergarten befindet, dort war früher die Auffahrtsallee, auf der Pferdekutschen Richtung Schloss rollten. Lange Jahre blieb dieser Platz ungenutzt, ehe er zum Biergarten umfunktio-

Der Biergarten der Schlossbrauerei Au ist eine grüne Insel mitten in der Marktgemeinde. Er wurde erst vor 20 Jahren an Stelle der alten Auffahrtsallee angelegt.

niert wurde. Die Schlossbrauerei ist für ihre Biere in der Region bekannt. „ Spezialitäten sind aber das naturtrübe Helle und Dunkel", weiß Ecker.

Erster Pächter der Gaststätte war der vor kurzem verstorbene Alfons Bösl. „Er hat den Biergarten einige Jahre gehabt", erinnert sich Ecker. Nach dieser Ära übernahm Anfang Januar 2002 der Großgastronom Willy Habermeyer. Der hatte viel Erfahrung mit den Autobahnraststätten „Fürholzen" und „Holledau", der Schlossbräukeller lief eher nebenher.

Spätestens seit Claus Soller vor fünf Jahren die Bewirtung übernommen hat, ist in der Wirtschaft und Brauerei wieder mehr los. Bürgermeister Ecker etwa lobt die in Rotwein geschmorten Ochsenfetzen, die es dort zu essen gibt, obwohl „ich eigentlich eher ein Brotzeitmensch bin", wie er gesteht. Am besten schmecke ihm deshalb der kalte Braten. Freunde eines zünftigen Schweinebratens oder einer krossen Schweinshaxe kommen aber ebenfalls auf ihre Kosten. Im Schlossbräukeller ist es durchaus üblich, einmal etwas zu bestellen, was nicht auf der Speisekarte steht. Und im Sommer stellt sich Claus Soller auch gerne an den Holzkohlegrill, um Spezialitäten für seien Biergartengäste zuzubereiten.

Peter Becker

Ein Wegweiser für Durstige ist das Aushängeschild des Schlossbräukellers. Dort einzukehren lohnt sich.

Schaukeln oder Hutschen, wie es auf bayerisch heißt, ist ein Vergnügen, das der Biergarten anbietet und nicht nur Kindern Spaß macht.

Glaubensstreit um Kronkorken

Der Kapplerbräu in Altomünster ist ein Familienunternehmen mit Geschichtsbewusstsein

Im Kapplerbräu in Altomünster lässt sich die Kulturgeschichte des Bieres hautnah erleben.

Der Weg zurück in die Geschichte des Bieres führt durch eine alte, von wildem Wein umrankte Holztür. Darüber hängt ein Schild „Biermuseum". Drinnen in einem Gewölbes aus dem Jahr 1707 jede Menge Devotionalien: Emailletafeln und Schilder. Am Boden stehen alte Biertragerl aus Holz und Blech. Dazu Kracherl- und Bierflaschen mit Bügelverschluss, Eichenfässer jeder Größe, ein gut 100 Jahre alter Hand-Etikettierer und ein Bierwerkl. So wird die Handpumpe aus dem Jahr 1850 bezeichnet, mit der das Jungbier früher von Hand in den Lagerbottich umgepumpt wurde.

Ortstermin im ehemaligen Mälzereigebäude des Kapplerbräus in Altomünster im Landkreis Dachau. Das Brauereimuseum dort wurde im Jahr 1985 von Hans Wiedemann senior eingerichtet. Hier werden nicht nur Handwerkskunst und Geschichte lebendig, sondern es wird auch Verbraucherpolitik verdeutlicht, wenn man so will – anhand eines Halbautomaten zum Beispiel, der vor gut 50 Jahren fast eine kleine Revolution entfacht hätte. Es ist die Maschine, mit der die ersten Kronkorken auf den Flaschenhals gedrückt wurden und die den Bügelverschluss verdrängte. Über eben diesen Automaten regte sich damals die Zunft der Maurer so richtig auf. Die Maurer befürchteten nämlich, dass sie ihr Brotzeit-Bier künftig auf einmal austrinken müssten. Ihre Sorge galt dem Geschmack: Das Bier könnte, wenn einmal geöffnet, ja schlecht werden. Der Kronkorken hat den Maureraufstand überlebt. Das Bier hat gehalten und der Bügelverschluss feiert inzwischen seine Wiedergeburt.

Neben dem Biergarten gibt es ein Museum, in dem Gegenstände präsentiert werden, die Handwerkskunst und frühe Brautechnologie illustrieren.

Ein Beispiel früher Ingenieurskunst ist die historische Flaschenwaschmaschine.

In der „Präustatt“, wo sich heute Besuchergruppen über die Entstehung und Herstellung des bayerischen Nationalgetränks und über die vielen Geschichten drumherum vom ehemaligen Sparkassendirektor Siegfried Sureck informieren lassen können, wurde – das ist urkundlich verbürgt – bereits 1561 Bier gebraut. Bier, hergestellt nach dem Bayerischen Reinheitsgebot von 1516, das als Inhalt heute wie damals nur Wasser, Hopfen und Gerstenmalz vorschreibt. Dass beim Kappler gebraut werden durfte, das ist einem besonderen Umstand zu verdanken. Das Kloster Altomünster hatte nicht nur Weinberge in Südtirol, sondern auch Braurechte. Doch mit dem Bier klappte es nicht so wie erhofft. In der Folge, so weiß es der heutige Brauereibesitzer Wilhelm Wiedemann, sei das Braurecht weltlich

vergeben worden, was nicht zum Schaden des Ortes sein sollte. Früher haben die Brauereien auch selbst gemälzt, heute tun das nur noch wenige. Mit zunehmender Industrialisierung wurde die Herstellung von Malz immer mehr vom Brauen selbst gelöst, die Mälzereien wurden eigenständige Unternehmen. Trotzdem ist das Mälzen untrennbar mit dem Brauen verbunden.

In der alten Brauerei an der Nerbstraße in Altomünster, die sich beim Brauereigasthof befindet, wurde bis 1937 gemälzt und gebraut. Zwölf Mitarbeiter beschäftigte seinerzeit der Kapplerbräu. Sie waren in der Landwirtschaft, im Gasthof und in der Brauerei tätig. In der neuen, modernen Braustätte am Vogelgarten, wo sich auch die Bierkeller befinden, sind es sechs Mitarbeiter. Noch vor

In der „Präustatt", wo sich heute Besuchergruppen über die Entstehung und Herstellung des bayerischen Nationalgetränks informieren lassen können, wurde bereits 1561 Bier gebraut. Ihren heutigen Namen verdankt die Brauerei Johann Kappler, der den Betrieb 1671 kaufte.

Zum Volksfestauftakt in Altomünster ziehen Pferde eine mit Bierfässern beladene und geschmückte Kutsche durch die Straßen des alten Brauerortes.

1900 baute der Kapplerbräu sogar seinen eigenen Hopfen an. Daran erinnert heute noch der Flurname „Hopfengarten" für ein Areal, das zur Brauerei gehört und zwischen Altomünster und Asbach liegt. Heute wird der Hopfen aus der Hallertau und Tettnang geliefert. Was den Besitzer Wilhelm Wiedemann besonders stolz macht, ist die Tatsache, dass in diesem Bier-Museum mit den Ausstellungsstücken auch im Jahr 2012 noch gebraut werden könnte. So wie früher, als etwa 3000 Hektoliter Bier pro Jahr die Brauerei verließen.

Gibt es einen würdigeren Ort als das alte Stüberl im Biermuseum, um die Herkunft zahlreicher Sprichwörter zu klären? Der Raum war ursprünglich ein Schalander, ein Aufenthaltsraum für die Brauereiarbeiter. Natürlich wurde dort auch reichlich Bier getrunken. Die Krüge wurden auf „Bierfilzln" abgestellt, die früher wirklich eine Unterlage aus Filz waren. Darauf konnte man seine Zeche nicht anschreiben lassen. Das wurde auf dem so genannten Kerbholz erledigt. Und wenn ein Zecher seine Rechnung nicht bezahlen konnte, wurde er auf einer Schiefertafel verewigt. Dort stand er dann „in der Kreide". Und wer jetzt noch nach der Gemeinsamkeit eines Hopfengartens mit einem Nonnenkloster sucht, im Biermuseum Altomünster bekommt er die Antwort: Nur die weiblichen Hopfenblüten beinhalten den Stoff Lupulin, der das Bier bitter und haltbar macht.

Heute braut Braumeister Willi Wiedemann nur wenige hundert Meter vom historischen Kapplerbräu entfernt. Der Gesamtausstoß der Familienbrauerei beträgt pro Jahr etwa 7000 Hektoliter. Der barocke Kapplerbräu in Altomünster gehört zu den schönsten Gebäuden des Ortes, der nordwestlich von Dachau und fast in der Mitte des Städtedreiecks München - Augsburg - Ingolstadt liegt. Der Kapplerbräu wurde um die Jahrhundertwende des 17. zum 18. Jahrhundert errichtet. Zum denkmalgeschützten Ensemble gehört auch der 1911 von Johann Stanglmaier erbaute Saal mit Freitreppe. Er ist ein Denkmal des Jugendstils und bietet 200 Menschen Platz.

Seinen Namen verdankt der Kapplerbräu Johann Kappler. Der kaufte die Brauerei im Jahr 1671. Es folgten unruhige Zeiten, ehe sie nach einer wechselvollen Geschichte 1922 vom Bierbrauer Wilhelm Wiedemann, übernommen wurde. In der Chronik heißt es: „1922 heiratet der Bierbrauersohn Wilhelm Wiedemann aus Thannhausen die damalige Brauereibesitzerin Theresa Stanglmayr." Der Kapplerbräu, der 2011 seinen 450. Geburtstag feierte, ist bis heute mit Wilhelm und Irmgard Wiedemann in der dritten Generation im Besitz der Familie.

Rudi Kanamüller

In einem Gewölbe aus dem Jahr 1707 stehen jede Menge Devotionalien: Emailletafeln und Schilder und Flaschen mit Bügelverschluss.

Genuss an der Quelle

Im Biergarten des Kapplerbräu steht der alte Wasserbrunnen

Was haben der längst verblichene Benediktinermönch Pater Simon aus Altomünster und der immer noch recht aktive Fußball-Kaiser Franz Beckenbauer gemeinsam? Die Frage ist am besten über das Bier zu beantworten, für das beide quasi mit ihrer Persönlichkeit einstehen. Während der eine seit Jahren unermüdlich für die Erzeugnisse einer Privatbrauerei wirbt, wurde dem anderen zu Ehren 1999 eine eigene Biersorte benannt: Das „Pater Simon Premium Pils“ und das „Pater Simon Piccolo Weizen“, beide gebraut im Kapplerbräu. Das hat einen speziellen Grund: Der Vater des Paters war der Bierbrauer Anton Hörmann aus Gebenhausen. Und der hat im Jahre 1641 das Anwesen mit Brauerei erworben, auf dem der heutige Kapplerbräu steht. Sohn Simon (1630 bis 1701) trat allerdings nicht in die Fußstapfen des Vaters sondern ins Birgittenkloster Altomünster ein und wurde – so ist es überliefert – zum bedeutendsten Prior des Doppel-Klosters, das erst seit 1842 ein reines Nonnenkloster ist.

Könnte es deshalb einen gemütlicheren Platz geben als den lauschigen Biergarten des Kapplerbräu, um in die Geschichte der Brauerei, des Ortes und die des 760 gegründeten Benediktiner-Klosters einzutauchen – bei einem Kapplerbräu Hell Export, einer Echt Altomünsterer Hefe Weisse oder einem Probst Sutor Märzen? Immerhin zählen Kunsthistoriker die heutige Klosterkirche, die 1763 von dem berühmten Baumeister

Wirtschaft und Musik – das gehört zusammen wie Hopfen und Malz. Auch im kleinen Stüberl des Kapplerbräu-Biermuseums.

Der Biergarten, in dem große Ahornbäume Schatten spenden, ist eine Oase der Ruhe. In dem vierseitig geschlossenen Innenhof hat man einen direkten Blick ins alte Sudhaus der Brauerei.

Johann Michael Fischer errichtet wurde, zu den schönsten Rokoko-Gotteshäusern in Bayern und stellen sie, wie es heißt, „gleichwertig neben die Kirchen in der Wies, in Rott am Inn und in Ottobeuren".

Der Biergarten selbst, in dem große Ahornbäume Schatten spenden, ist eine wahre Idylle. Platziert in einem vierseitig geschlossenen Innenhof hat man von hier aus einen direkten Blick ins alte Sudhaus der Brauerei. Der Brunnen, der im Biergarten plätschert, ist nicht nur Zierrat für die Gäste. Bei ihm handelt es sich um den ehemaligen Brauereibrunnen, über den die Wasserversorgung der Brauerei geregelt wurde. Der Biergarten selbst bietet Platz für 80 bis 100 Personen. Sollte man doch einmal vom Regen überrascht werden, dann steht einem immer noch die Wirtsstube zur Verfügung. Eine Stube mit Gewölbe, dunkel vertäfelt und mit hellen Ahorntischen – wie aus dem weiß-blauen bayerischen Bilderbuch.

Rudi Kanamüller

Überragt werden der Markt Altomünster und der Kapplerbräu vom Turm des im Jahr 706 gegründeten Klosters – dem schönsten Kirchturm im einstigen Königreich Bayern.

Wo der Glaube Berge versetzt

Das Fundament Mariabrunns ist das Heilwasser und das Mariengebet

Vorbildlich, die beiden Damen. Sie haben ihr Schoßhündchen an eine lange Leine genommen, so wie es ein Schild im Eingangsbereich des Schlossguts vorschreibt. Zielstrebig spazieren sie zu dem mit Efeu umrankten Brunnen in der Mitte des Hofes, aus dem das berühmte Heilwasser sprudelt. „Aus Dankbarkeit zur Erinnerung an seine Wohltäterin Amalie Hohenester, Emil Wesckie 1867", steht auf einer Tafel an der Brunneneinfassung. Wesckie war ein Industrieller aus Polen, den die legendäre „Doktorbäuerin" auf wundersame Weise geheilt haben soll. „Glaube versetzt eben Berge",

Ohne Wasser kein Bier. Und wenn es dann noch heilkräftiges Wasser ist wie in Mariabrunn, dann muss ja ein Segen drauf sein. Brauereibesitzer Florian Breitling „zapft" das legendäre Quellwasser.

sagt eine der beiden Damen zu ihrer Begleiterin, während diese das Wasser kostet.

Das gilt wohl auch für den Ampermochinger Bauern Stephan Schlairböck, der im Juli des Jahres 1662 im sogenannten Gerichtsschlag Holz gehackt haben soll. Er löschte seinen Durst mit Wasser, das aus der Mariabrunner Quelle kam. Kurz darauf war sein langjähriges Magen-Darm-Leiden verschwunden. Die Kunde von seiner plötzlichen

Heilung, die der Holzarbeiter dem Quellwasser und der Mutter Gottes zuschrieb, verbreitete sich wie ein Lauffeuer. Schon bald pilgerten Tausende Menschen zu dieser Quelle, weil sie sich von dem Wasser ebenfalls Heilung versprachen. So wurde der Ruf Mariabrunns als Kurbad begründet, das unter Amalie Hohenester in der zweiten Hälfte des 19. Jahrhunderts seine Blütezeit erlebte.

Dass der Glaube Berge versetzen kann, davon ist auch Florian Breitling überzeugt. Der promovierte Historiker, der das Schlossgut von seiner Mutter geerbt hat, stellt dies immer wieder bei den Pilgern fest, die in Scharen zur Wallfahrt strömen. Erst kürzlich waren wieder 250 Wallfahrer hier, um die Aura dieses Ortes zu atmen.

Die Mariabrunner Wallfahrt findet an jedem 13. des Monats zwischen April und Oktober statt, weil die Mutter Gottes im portugiesischen Fatima auch an einem 13. erschienen sein soll. „Mariabrunn wird immer wieder nur auf das Bier, den Biergarten und die Brauerei reduziert, doch das Entscheidende ist die Marienwallfahrt“, sagt Gutsbesitzer Breitling. „Das Fundament Mariabrunns ist das Heilwasser und das Mariengebet.“

Nur deshalb seien die Menschen ursprünglich zu dem idyllischen Ort im Landkreis Dachau gekommen. Weil die Pilger verpflegt werden mussten, hatten sich schon frühere Besitzer entschlossen, Restaurationsbetriebe zu errichten. So entstand auch die Schlosswirtschaft, die aus einer hölzernen Taverne hervorging und heute einen hervorragenden Ruf genießt, ebenso wie der idyllische Biergarten.

Natürlich gibt es hier auch eine Brauerei, die allerdings seit 2001 stillgelegt ist, weil die Auflagen für die Beseitigung des Abwassers erdrückend waren. Das Sudhaus existierte schon zu Zeiten Hohenesters, die mehrere Gastwirte im Landkreis mit Bier belieferte. Friedrich Breitling, der das Schlossgut 1907 erwarb, baute fünf Jahre später ein neues Sudhaus. Seither ist Mariabrunn im Besitz der Familie, doch die Brauerei spielte dabei nie eine tragende Rolle. „Ich bin Mariabrunn, nicht Bier“, bringt es Florian Breitling auf den Punkt. Das Wallfahrtswesen sei heute der Inhalt seines Besitzes.

In der ehemaligen Brauerei, die Breitling immer noch hegt und pflegt, ist jetzt eine

Bernhard Öttl ist Pächter des beliebten Speise- und Ausflugslokals. Im weitläufigen Biergarten ist viel Platz unter den schattigen Bäumen.

Schloss und Biergarten, Brauerei und Wallfahrtskapelle: Herrschaft und Kirche, Glauben und Genuss sind in Bayern traditionell eng beisammen.

Schnapsbrennerei untergebracht. Vier Mitarbeiter destillieren hier den Hochprozentigen der „Doktorbäuerin“ oder den „Mariabrunner Rachenputzer“. In ein paar Jahren könnte in der früheren Sudstätte wieder Bier gebraut werden. Breitling will die Brauerei reaktivieren, wenn das Abwasserproblem kostengünstiger gelöst werden kann. Dann will er das Mariabrunner Dunkle wieder im Schlossgut brauen, das derzeit Fischer's Stiftungsbräu nach dem alten Originalrezept des Hauses herstellt. „Das soll die Marke Mariabrunn weiter stärken.“

Breitling ist davon überzeugt, dass man einen Gutsbetrieb nicht mit dem Rechenschieber führen darf: „Man muss ihn lieben, sonst geht es nicht.“ Dieses Credo beherzigte auch Amalie Hohenester, die das Schlossgut 1863 erwarb.

Die Wunderheilerin und „Doktorbäuerin“ zählt zu den schillerndsten Frauenfiguren

Bayerns im 19. Jahrhundert. Ihr Leben wird von Legenden und mysteriösen Geschichten umrankt, die in erster Linie auf ihrer Gabe beruhen, Menschen in ihren Bann zu ziehen.

Schon vor ihrem Umzug nach Mariabrunn behandelte sie in ihrer Deisenhofener „Praxis“ Patienten mit Salben, Tees und Tinkturen, die sie selbst aus Kräutern herstellte. Weil sie damit auch verblüffende Erfolge erzielte und dadurch den Neid der Ärzte weckte, wurde sie der „Kurpfuscherei“ und „Quacksalberei“ bezichtigt. In Mariabrunn setzte Amalie Hohenester zusätzlich Bäder und Güsse mit dem Wasser aus der Heilquelle ein. Viele Patienten konnte sie heilen, ihr Erfolg sprach sich bis in höchste gesellschaftliche Kreise herum. Selbst Kaiserin Elisabeth von Österreich, Zar Nikolai Nikolajewitsch oder Baron von Rothschild suchten bei Hohenester Rat.

Das Kurbad florierte außerordentlich, die „Doktorbäuerin“ wurde so wohlhabend, dass sie weitere Anwesen in der Umgebung kaufen konnte. 1877 erkrankte sie, ein halbes Jahr später starb sie im Alter von 50 Jahren an Herzversagen.

Das Leben der Hohenester wurde zweimal verfilmt, es gibt zahlreiche Romane und Volksstücke darüber. Für die Produktion des Zweiteilers „Mali“ – eine Verkürzung des Vornamens Amalie – mit Christine Neubauer in der Titelrolle wurde ein Team des Bayerischen Fernsehens bei Florian Breitling in Mariabrunn vorstellig. Die Fernsehleute wollten den Streifen am Originalschauplatz drehen, sich aber nicht immer an historische Vorgaben halten. Breitling winkte daraufhin ab: „Nicht mit mir, wenn man so was macht, muss es schon authentisch sein.“

Robert Stocker

Die Mariabrunner Wallfahrt findet an jedem 13. des Monats zwischen April und Oktober statt, weil die Mutter Gottes im portugiesischen Fatima auch an einem 13. erschienen sein soll.

Idyllisches Fleckchen

Der Biergarten im Schlossgut ist von Wald umgeben

Schöne Biergärten, die diesen Namen wirklich verdienen, sind im Landkreis Dachau zur Rarität geworden. Das Gelände des legendären Zieglerkellers am Dachauer Schlossberg ist zu einer verwilderten Brache verkommen, seit die Schlossbergbrauerei stillgelegt worden ist und jetzt auf die Verwertung eines Investors wartet. Auch der Biergarten der Klostergaststätte in Markt Indersdorf, in dem uralte Kastanien Schatten spenden, hat seit Jahren keinen Gast mehr gesehen. Das Gasthaus wird derzeit umgebaut und soll einen neuen Ausschank für den Garten erhalten; wann der Biergarten wieder eröffnet wird, steht noch in den Sternen.

Da ist es nicht verwunderlich, dass der Biergarten im Schlossgut Mariabrunn einen ungebrochenen Zulauf hat. Das Gut ist an drei Seiten von Wald umgeben, liegt 26 Kilometer nördlich von München und ist zehn Kilometer von Dachau entfernt. Der Biergarten ist längst kein Geheimtipp mehr und nicht nur im Landkreis Dachau bekannt. Auch viele Münchner wissen die Vorzüge dieses idyllischen Fleckchens zu schätzen. Ganz zu schweigen von den Pilgern, die aus allen Ecken Bayerns zur Wallfahrt kommen und dabei in der Schlosswirtschaft oder im lauschigen Garten einkehren. An der Straße zwischen den Orten Lotzbach und Schönbrunn weist ein Schild auf den Biergarten hin; Besucher biegen nach links in eine schmale Straße ab, die sich in einigen Kurven zum Schlossgut

In der mirakelgläubigen Barockzeit wurde der Ruf Mariabrunns als Kurbad begründet, das unter Amalie Hohenester in der zweiten Hälfte des 19. Jahrhunderts seine Blütezeit erlebte.

Im Inneren der Wallfahrtskapelle zeugen Votivtafeln, nicht mehr benötigte Krücken und andere Weihegaben von wundersamen Heilungen in Mariabrunn und dem Glauben der Pilger.

windet. Wie geschaffen für Besucher, die mit Fahrrad und Picknickkorb einen Ausflug zum Biergarten machen.

Picknickkörbe sind in Mariabrunn tatsächlich erlaubt. Wer will, kann in einem bestimmten Bereich des Gartens seine mitgebrachte Brotzeit verzehren und dazu eine kühle Maß Mariabrunner Dunkles genießen. Gutsbesitzer Florian Breitling hat diesen Bereich erst vor kurzem neu möbliert. Die Ruhe der Biergartenbesucher unter den Kastanien und Linden stören keine lärmenden Autos. Nur bei starkem Ostwind ist ab und zu ein Flugzeug zu hören, das zum Erdinger Flughafen düst. Was früher den Brauern verwehrt blieb, weil sie auf königliche Anordnung hin keine Speisen in den Biergärten verkaufen durften, gibt es in Mariabrunn in Hülle und Fülle: deftige Brotzeiten und gutes Essen. Auf der Speisekarte stehen Schweinshaxe mit Knödel, Wiener Schnitzel oder Rehgulasch, als Brotzeit Obatzdn oder Wurstsalat. Für den Durst gibt es das Mariabrunner Dunkle nach altem Schlossbrauerei-Rezept und das Helle von Fischer's Stiftungsbräu. Auch für die Kinder ist gesorgt: Sie erhalten fast alle Gerichte in kleinen Portionen und können nicht nur im Wald herumtollen, sondern auch auf einem Spielplatz mit großem Kletterhaus.

Robert Stocker

Das Pilgern in die Idylle unweit der Großstadt ist im 21. Jahrhundert ein weiterer guter Grund für einen Besuch in Mariabrunn.

Genuss für klare Köpfe

Rasanter Anstieg der Verkaufszahlen von alkoholfreiem Bier

Alkoholfreies Bier sei ja gar kein richtiges Bier, darauf beharren vermeintliche Kenner der Materie. Erich Schweiger, einer von drei Geschäftsführern und Eigentümer der Markt Schwabener Privatbrauerei Schweiger, hörte den Vorwurf nur allzu oft, als im Jahr 2007 die ersten Kästen alkoholfreies Schweiger-Bier in den Getränkemärkten standen. Was vor fünf Jahren als Kleinserie begann, hat im 13 Sorten zählenden Schweiger'schen Biersortiment inzwischen einen nicht mehr wegzudenkenden Platz.

Seit 2007 hat Erich Schweiger alkoholfreies Bier im Angebot seiner Brauerei. Der Erfolg gibt dem Markt Schwabener Recht.

Gesünder, leichter, bekömmlicher, das Alkoholfreie passt gut zum Zeitgeist. „Alkoholfreie Biere sind eine Alternative für bewusstes Genießen“, frohlockt der Deutsche Brauer-Bund. Dann ist vom verantwortungsbewussten Gäste-Heimfahrer die Rede. Vom guten Ton, als Gastgeber auch ein gutes alkoholfreies Bier im Kühlschrank zu haben. Von der wohlschmeckenden Alternative in der Mittagspause und von den „wertvollen Inhaltsstoffen, die für eine ausgewogene Ernährung wichtig sind“. Kohlenhydrate, Eiweißbestandteile, Mineralstoffe und Vitamine. Alles so, wie beim normalen Bier – nur für Leute, die gerne einen klaren Kopf behalten wollen. Und eine gute Figur. Auf weniger als 60 Kilokalorien kann ein 0,2-Liter-Glas Alkoholfreies laut Brauer-Bund kommen. Das sei weniger als die gleiche Menge Apfelsaft und ist von daher ein tatsächlich gewichtiges Argument.

Klarer Kopf und schlanker Bauch, offenbar wird das immer mehr Leuten immer wichtiger. Zwischen 1200 und 1300 Hektoliter werde seine Brauerei Ende des Jahres wohl an Alkoholfreiem verkauft haben, sagt Schweiger, etwa 250 000 Halbe also. Sie machen rund zwei Prozent von Schweigers jährlicher Gesamtproduktion aus. Alkoholfreies Helles und Weißbier teilen sich den Anteil ziemlich genau halbe-halbe.

„Wir merken, dass die Nachfrage nach beidem Jahr für Jahr steigt.“ Sätze wie dieser sind keine Eigen-PR des Brauereichefs und die Schweiger-Brauerei auch keine Ausnahme. Bundesweit geht der Trend in diese Richtung. Von knapp 3,3 Millionen Hektolitern im Jahr 2010 stieg hierzulande der Konsum von alkoholfreiem Bier laut Deutschem Brauer-Bund auf 3,76 Millionen Hektoliter im Jahr 2011. Fast 15 Prozent Steigerung – wer in seiner Brauerei ausschließlich normales Bier ver-

Alkoholfreies Helles und Weißbier teilen sich den Anteil ziemlich genau halbe-halbe. Die Markt Schwabener merken, dass die Nachfrage nach beidem Jahr für Jahr steigt.

kauft, kann davon nur träumen: Seit Jahren ist der Konsum rückläufig. Langsam zwar, aber stetig.

Der entscheidende Trick ist, sich von diesem Trend zu lösen. „Wir haben immer wieder überlegt, es mal mit Alkoholfreiem zu versuchen“, erzählt Schweiger, der seit 1995 einer der Geschäftsführer der Brauerei ist, die sein Großvater 1934 gegründet hatte. Aber stets sprachen handfeste betriebswirtschaftliche Gründe dagegen.

Und die haben mit der Herstellungsweise des Alkoholfreien zu tun. „Die erste Möglichkeit ist, den Alkohol gar nicht entstehen zu lassen“, erklärt der Brauereichef. „Man muss nur den Gärungsprozess unterbrechen.“ Aus Sicht der Brauerei wäre das technisch eine leichte Lösung: Man müsste schließlich nur zum richtigen Zeitpunkt die Temperatur

senken. Die große Kunst ist es, ein nach Bier schmeckendes Alkoholfreies hinzubekommen. „Und das können Sie mit dieser Methode absolut vergessen."

Die zweite Möglichkeit – auf sie setzt die Markt Schwabener Brauerei – ist die so genannte schonende Vakuumverdampfung, auch Umkehrosmose genannt. „Dabei presst man das normale fertige Bier durch eine Membran – der Alkohol geht raus, aber alle anderen wichtigen Inhaltsstoffe bleiben drin", erklärt Schweiger. Ein paar Hunderttausend Euro kostet so eine Anlage jedoch schnell. „Für eine Brauerei in unserer Größenordnung war das einfach undenkbar."

Just zu einer Zeit, als die Schweigers einmal mehr übers Alkoholfreie nachdenken, klingelt das Telefon. Der Besitzer einer kleinen Brauerei will sich eine solche Anlage

Beim Trachten- und Schützenzug zum Brauereifest marschieren 47 Gruppen mit. Das ist man dem Schweiger schuldig.

Genau 1200 Jahre alt ist die Gemeinde Pliening. Der Schweiger braut das Bier zum Jubiläum.

kaufen – wenn sie sich denn mit einigen anderen kleineren Brauereien zusammen auch tatsächlich auslasten lässt. Der Plan geht auf. Jedes Jahr fahren die Schweigers einige Lastwagen voller Bier in die Anlage, um sie später alkoholfrei wieder mit nach Hause zu nehmen. Wirklich trinkbar wäre das Gebräu noch nicht. „Alkohol ist einfach ein wichtiger Geschmacksträger im Bier.“ Zurück in Markt Schwaben wird deshalb dann so lange normales Bier nachgefüllt, bis knapp 0,5 Volumenprozent Alkohol enthalten sind. „Solange dieser gesetzliche Grenzwert nicht überschritten ist, zählen sämtliche Lebensmittel als alkoholfrei“, erklärt der Brauereichef.

Ärger stand der deutschen Brauereiwirtschaft deswegen trotzdem ins Haus, und zwar von der Verbraucherschutz-Organisation Foodwatch. Mit der Auszeichnung zum „Goldenen Windbeutel 2012“ hatten die Aktivisten den Deutschen Brauer-Bund angeprangert, weil sich im Alkoholfreien ja immer noch ein bisschen Alkohol befindet. Das sei

Man trifft sich, man kennt sich, man stößt miteinander an beim Brauereifest in Markt Schwaben.

O'zapft is. Zur Eröffnung des Brauereifests in Markt Schwaben sticht Bürgermeister Georg Hohmann das erste Fass an.

eine dreiste Werbelüge, die Verbraucher in die Irre führe, hieß es.

Schweiger macht diese Argumentation richtig sauer. „Da ist doch wohl eher die Frage, ob Verbraucher Schutz vor Verbraucherschützern brauchen?" Jedes Sauerkraut, jeder Kefir und jede reife Banane hätten ungefähr den gleichen Alkoholwert. „Das ist völlig normal und in dieser Größenordnung medizinisch auch völlig unbedenklich", betont er. „Und eindeutiger als das Gesetz geht es doch wirklich nicht mehr: Weniger als 0,5 Volumenprozent ist erlaubt, und zwar bei allen Lebensmitteln. Punkt."

„Alkoholarm" würde er auf seine Flaschen schon drucken. Weil dies logischerweise aber auch für Sauerkraut, Kefir und Bananen gelten müsse, sei der Vorschlag wohl wenig praktikabel. Es bleibt also vorerst beim Alkoholfreien.

Thorsten Rienth

Kostprobe am Sudkessel

Im Biergarten der Brauerei gibt es auch regionale Kost

Als vor gut 20 Jahren die Schotterfläche zwischen Schweiger-Brauerei und Ebersberger Straße zum Biergarten werden sollte, hatten die Planer ein Problem: „Der Markt war leer, es hat nirgendwo Kastanien gegeben", erinnert sich Erich Schweiger, heute einer von drei Brauerei-Eigentümern und Geschäftsführern. Ein Pilz hatte so ziemlich alles zerstört, was zu dieser Zeit an pflanzfähigen Kastanien in den Baumschulen stand. Die Schweigers mussten umplanen, entschieden sich für Linden.

Aus der vermeintlichen Notlösung ist über die Jahre ein schmucker Biergarten geworden, der bei Markt Schwabenern wie vorbeiradelnden Ausflüglern gleichermaßen beliebt ist. Wer als erstes durchs Tor kommt, kann zwischen 200 lauschigen Plätzchen wählen. Wenn gewünscht, sogar mit direktem Blick auf die großen Kupferbraukessel, aus denen es ein bisschen so riecht wie nach konzentriertem Malzbier ohne Zucker. Mittendrin steht ein kleiner gemauerter Brunnen, in dem Wasser vor sich hin plätschert.

Im Jahr 2003 hatten die Wirtsleute Adi Warta und Heidi Hanrieder Biergarten und Gaststätte der Brauerei übernommen. Höchste bayerische Braukunst, ausgewählte Rohstoffqualität, Heimatliebe ist der Slogan, mit dem die Privatbrauerei für sich wirbt und dem sich auch die Wirtsleute des Biergartens

Alt und Jung sind dabei, wenn der Trachten- und Schützenzug durch die Straßen der Marktgemeinde zieht.

„Alkoholfreie Biere sind eine Alternative für bewusstes Genießen“, sagt der Brauerbund. Da kann Erich Schweiger nur zustimmen.

verpflichtet fühlen. Die täglich wechselnde Speisekarte stehe für Frische und Qualität, erklären sie. Kochen sei für sie eine Leidenschaft. Fast alles, was da unter den Linden auf die Teller kommt, würden sie selbst herstellen und dabei großen Wert auf saisonale Produkte aus der Region legen. So gesehen war es nur konsequent, sich vor einigen Jahren auch gleich noch bio-zertifizieren zu lassen.

Biertrinken, Ratschen oder Zeitunglesen – im Biergarten geht es nicht nur ums Essen. Wohl auch deshalb ist die Speisekarte nicht seitenlang, sondern bringt die Biergartenphilosophie prägnant auf den Punkt: Debrecziner auf Sauerkraut, Schweinsbraten mit Kartoffelknödeln, allerlei Salate und einiges Vegetarische. Das Bier kommt natürlich aus den Braukesseln von nebenan.

Gut zu wissen nicht nur für Figurbewusste: Wer auf seiner Radltour durch Markt Schwaben kommt, muss sich nicht gleich den Bauch vollschlagen oder den halben Teller wieder zurückgehen lassen. Fast die gesamte Speisekarte ist zweispaltig: Von jedem großen Essen gibt es auch eine kleinere Portion.

Robert Stocker

So fesch kann Tradition sein. Wer einen Beweis braucht, muss nur zum Brauereifest nach Markt Schwaben kommen.

Ein Traum mit hellem Schaum

Schneider Weisse: Die Erfolgsgeschichte eines Familienunternehmens

In dieser Familie wimmelt es geradezu von Männern, die den Vornamen Georg tragen. Irgendwann sei das einfach zur Tradition geworden, immer einen der Söhne so zu nennen, erzählt der mittlerweile sechste Spross der Familie Schneider, der – natürlich – Georg heißt. Georg Schneider VI. sitzt in seinem Weissen Bräuhaus im Tal, an einem Ort, an dem nicht nur die Geschichte dieser Braudynastie, die heute in Kelheim beheimatet ist, ihren Anfang nahm, sondern im Grunde auch die Geschichte aller Weißbierbrauereien.

Georg Schneider, Wirt der Münchner Traditionsgaststätte Weisses Bräuhaus im Münchner Tal und Chef der Weißbierbrauerei ist schon für „Ethisches Handeln im Unternehmen" ausgezeichnet worden.

Bräuhaus
Weisses

Am Tag des Bieres wird im Weissen Bräuhaus die Tradition des Brauens vorgeführt.

Im Jahre 1817 wurde ein Mann geboren, der wegweisend war für die Braugeschichte des Weißbieres: Georg Schneider I. Mitte des 19. Jahrhunderts war er Pächter des heutigen Hofbräuhauses, in dem damals nur Weißbier gebraut wurde. Ein Privileg, das seit 1602 ganz in den Händen der Münchner Wittelsbacher lag. Herzog Albrecht V. hatte 1567 bestimmt, dass Weißbier nur nördlich der Donau auf einem relativ kleinen Gebiet ausgeschenkt werde, und dass die Brauer dafür höchstens eigenen Weizen verwenden durften. Dies hatte einen einfachen Grund: Der Weizen war wohl wegen vieler schlechter Ernten zu dieser Zeit wesentlich teurer und wertvoller als Gerste und sollte ausschließlich zur Versorgung der Bevölkerung mit Brot dienen.

Außerdem befand der Herzog, historischen Quellen zufolge, Weißbier sei sowieso ein unnützes Getränk, „das weder Stärk' noch

Krafft noch Macht gibt". Gebraut wurde es dennoch, vor allem in Niederbayern – unter anderem von der Adelsfamilie der Degenberger, die das Braurecht als Belohnung für besondere Verdienste vom Vater Herzog Albrechts V. erhalten hatte. Als die Familie 1602 ausstarb, fiel das Recht wieder an die Wittelsbacher. Herzog Maximilian I. war wohl ein weitsichtiger Herrscher, zumindest hatte er den entscheidenden Vorteil des Weißbiers zu dieser Zeit klar erkannt: Als obergäriges Bier galt es als haltbarer und konnte das ganze Jahr über gebraut werden. Es unterstand also nicht wie das sonst übliche „Braunbier" dem sogenannten Sommersud-Verbot. Maximilian beschloss, das Weißbierbrauen zu einem staatlichen Monopol auszubauen, um so die Einkünfte zu mehren. Dafür kaufte er sogar mehrere, bereits bestehende Weißbierbrauereien in Niederbayern auf. Offenbar mit

Die Braukunst hat eine lange Geschichte – so wie der Vorname Georg in der Brauerfamilie Schneider.

Erfolg: Es heißt, Maximilian habe mit Hilfe des Weißbieres den maroden Staatshaushalt saniert – etwa ein Drittel der Einnahmen sollen in Spitzenzeiten aus dem Weißbiermonopol gestammt haben.

Der Familie Schneider gelang es vor mehr als hundert Jahren, dem Weißbier in München zu neuer Beliebtheit zu verhelfen.

Die Sache mit dem Weißbier ging so lange mehr oder weniger gut, bis sich in der zweiten Hälfte des 19. Jahrhunderts die Brau- und Kühlungsbedingungen durch den technischen Fortschritt massiv verbesserten. Weil Braunbier nun das ganze Jahr gebraut werden konnte, verlor das Weißbier an Bedeutung. Georg Schneider VI. hat dafür eine einleuchtende Erklärung: „Damals galt einfach alles als schick, was mit Hilfe moderner Technik hergestellt worden ist. Die obergärige Brauweise ist aber, wenn man so will, natürlicher als die untergärige. Für die Menschen dieser Zeit war aber ein untergäriges ‚Industriebier', das mit Dampf und allerlei technischen Neuerungen hergestellt wurde, einfach angesagter." Zudem hatte Kurfürst Karl Theodor das Weißbiermonopol 1798 schon damals wegen geringer Nachfrage aufgegeben.

Das Weißbier lag also zu Zeiten von Schneiders Ahnherrn, Georg I., recht am Boden – was sich als Glücksfall erweisen sollte. Außerdem habe König Ludwig II. wohl Geld zum Bau seiner Schlösser benötigt, „es wurde zu dieser Zeit alles verscherbelt, was nicht gebraucht wurde", mutmaßt Schneider. Dazu gehörte auch das Weißbier-Braurecht, das Ururur-Großvater Georg Schneider I. erwarb. Seit 1855 war er Pächter des weißen Hofbräuhauses am heutigen Platzl und verstand sich als Braumeister ausnehmend gut in der Kunst der Weißbierherstellung und – er glaubte an dessen Erfolg auf dem Markt. 1872 kaufte er noch ein eigenes Gebäude dazu: den einstigen Maderbräu. Diesen baute Schneider sukzessive zu seiner eigenen Weißbierbrauerei aus. Nach etwa einem Jahrzehnt, 1883, war er zufrieden, kündigte seinen Pachtvertrag im Hofbräuhaus und braute nun zusammen mit seinem Sohn Georg II., sein Weißbier in der Maderbräustraße, hinter dem heutigen Weißen Bräuhaus im Tal, das sie als Wirtschaft führten.

Den beiden Schneiders gelang es, dem Weißbier in München zu neuer Beliebtheit zu verhelfen. Im Hofbräuhaus wurde unterdessen nur mehr Braunbier hergestellt. 1890 übernahm Georg III. den Betrieb. Er baute die Brauerei weiter aus und um, bis er mit nur 35 Jahren an einer Lungenentzündung starb, die er sich einfing, als er bei Sturm sein Segel-

In der historischen Gaststube im Tal gibt es auch traditionelle bayerische Schmankerln, wie man sie sonst nur noch selten aufgetischt bekommt.

boot aus dem Starnberger See zog. Georg IV. war zu diesem Zeitpunkt erst fünf Jahre alt, deshalb verpflichtete seine Mutter Mathilde einen Brauereidirektor, Julius Teichmann, der den Betrieb so lange führte, bis der nächste Georg die Geschäfte übernehmen konnte. Auch die Familie Schneider träumte vom Weißbier-Monopol, diverse Zukäufe von anderen kleineren Brauereien und Ausschänken sollten diesen Traum verwirklichen helfen. 1928 beispielsweise kaufte die Familie einen zweiten Braubetrieb in Kelheim.

Doch die folgenden Jahre wurden hart: Inflation, Erster Weltkrieg, Zweiter Weltkrieg machten die Monopol-Pläne endgültig zunichte. 1944 wurde die Münchner Brauerei durch einen Bombenangriff schwer zerstört. Georg Schneiders Vater, Georg V., ging daraufhin nach Kelheim, um dort weiter zu

Schon um 1900 war das Weisse Bräuhaus in München ein Platz, an dem man gemütlich beisammensaß. Unterm Hirschgeweih und ohne Rauchverbot.

brauen und sein Weißbier von der Donau nach München zu liefern. Auch er war ein ständiger Bauherr, erneuerte und baute permanent um. Seit 1998 ist Georg VI. alleiniger Geschäftsführer der Brauerei Schneider Weisse. Etwa 250 000 Hektoliter Weißbier in elf verschiedenen Sorten werden mittlerweile in Kelheim gebraut und bis nach Amerika exportiert. In München hingegen zeugt heute noch das Weisse Bräuhaus im Tal von den einstigen Brau-Aktivitäten der Familie Schneider in der Stadt. Die Wiesn, auf der sie einst mit ihrem Weißbier vertreten waren, ist jedoch seit dem Umzug nach Niederbayern unwiederbringlich verloren.

Astrid Becker

Seit 1872 brauten die Schneiders in der Maderbräustraße Weißbier. Der Umzug vom Platzl ins nur wenige Schritte entfernte Tal machte sich bezahlt.

Ein Glücksgriff in Berg am Laim

Konkurrenzfähig durch Weisses Bräuhaus mit Biergarten

Es ist einer dieser idyllischen Biergärten jenseits der Stadtmitte: das Weisse Bräuhaus an der Baumkirchner Straße in Berg am Laim. Seit 17. Oktober 1912 ist er nebst Wirtschaft im Besitz der Weißbier-Brauerfamilie Georg Schneider. Die Schneiders hatten die einstige St. Michaels-Brauerei für rund 150 000 Mark erworben. Sie bestand aus einem Wohnhaus mit „Wirtschaftslokalitäten“, einem Brauereigebäude, einer Remise, einem Stall, einer Holzlege, einem Wirtschaftsgarten samt Trinkhallen, Lauben und Springbrunnen und einem Hofraum mit Schenke und Gärtchen. Den Braubetrieb dort aufrechtzuerhalten, stand offenbar nicht weiter zur Debatte, denn er wurde stillgelegt.

Den neuen Besitzern ging es vor allem darum, den Ausschank ihres Weißbieres sicherzustellen. Wenn man so will, war das Weisse Bräuhaus einer von etlichen Glücksfällen in der Firmengeschichte, denn laut Georg Schneider VI. hatten die anderen Münchner Großbrauereien zu dieser Zeit die Gastronomie der Stadt unter sich aufgeteilt. „Und die Schneiders, so hat es immer geheißen, haben ja kein Geld, das sind ja arme Brauer“, erzählt er. Sogar als sein Großvater um die Hand seiner Frau angehalten habe, sei dieses gängige Vorurteil thematisiert worden, nach dem Motto, ob wohl so ein Weißbier-Brauer überhaupt eine Familie ernähren könne.

Auch das „Weisse Bräuhaus“ an der Baumkirchner Straße in Berg am Laim ist seit 17. Oktober 1912 im Besitz der Weißbier-Brauerfamilie Georg Schneider.

Dörfliche Idylle mitten in der Stadt. Der Biergarten in Berg am Laim zieht Einheimische und Fremde gleichermaßen an.

Der Kauf des Anwesens an der Baumkirchner Straße war also vielleicht als eine Art Signal an die Konkurrenz zu verstehen. Bier wurde nicht mehr gebraut, die Wirtschaft hingegen wurde weiter betrieben und auch ausgebaut. Heute ist sie ein typischer Stadtteil-Biergarten, in dem sich vor allem Gäste aus der Umgebung tummeln. Noch vieles erinnert an die einst dörfliche Gemeinschaft, wie sie wohl in den Anfängen Berg am Laims vorherrschte. Viele der Gäste kennen sich, sind Nachbarn und treffen sich hier auf einen Ratsch bei einer Halben Bier – in der Gaststube, im Bräugirgl daneben oder bei schönem Wetter im Biergarten unter schattigen Buchen und Kastanien. Bisweilen erklingen dann die Glocken der benachbarten, von Johann Michael Fischer erbauten Kirche St. Michael, die einst der Kurfürst von Köln, Clemens August dem 250 Einwohner zählenden Dorf Lehmrücken geschenkt haben soll. Aus dem Dorf ist längst der Stadtteil Berg am Laim geworden, das sich mit dem Weissen Bräuhaus aber noch einen dörflichen Kern bewahrt hat.

Geführt werden Gaststätte und Biergarten mittlerweile von Alois Schletterer. Der einstige Besitzer der Brauerei, Karl Vogl, ist im Jahre 1946, also erst 34 Jahre nach dem Verkauf seines Anwesens, gestorben.

Astrid Becker

Vater aller Starkbiere

München und der Salvator: Wie aus der Fastenspeise der Paulaner ein gesellschaftliches Ereignis wurde

Es ist ein Ges. Ein so dunkles Ges, das jedes Mal, wenn diese Glocke ertönt, im Kirchturm am Mariahilfplatz die Ziegel vom Dach fallen. Deshalb lässt Pfarrer Markus Gottswinter die Glocke, die diesen tiefsten aller Töne hier mitten in der Au erzeugt, nur noch an besonderen Feiertagen läuten. Sieben Tonnen ist sie schwer – und der dunkle Klang passt perfekt zu ihrem Namen: „Salvator". Dabei war sie ursprünglich gar nicht für diesen Ort vorgesehen. Vielmehr sollte sie, die 1952 von einem Erdinger gegossen wurde, eine Ausstellung auf der Theresienwiese

Noch prägt die Paulaner-Brauerei Haidhausen. Nicht mehr lange. Denn die Traditionsbrauerei zieht mit Produktion und Logistik an den westlichen Münchner Stadtrand um – nach Langwied.

zieren. Doch der Lastwagen, der sie transportierte, blieb am Nockherberg hängen – für die Auer ein Zeichen dafür, dass sie für ihre Kirche bestimmt war.

Es ist auch nicht verwunderlich, dass sie ihrer so eroberten Glocke den Namen „Salvator“ gaben. Denn genau hier, mitten in der Au, hat die Geschichte des „Vaters aller Starkbiere“ ihren Anfang genommen: Mit den Paulaner-Mönchen, die sich 1629 südlich des Mariahilfplatzes im einstigen Basilianerkloster Neudeck ob der Au niederließen und wie so viele andere Klöster wohl auch Bier brauten. Das älteste Zeugnis der Paulaner-Brauerei stammt aus dem Jahre 1634. Das offizielle Recht, Bier zu brauen, soll das Kloster in diesem Jahr erworben haben – weil der Erbe von Sebastian und Elisabeth Lerchl in den Orden eingetreten sein soll. Besagte Lerchls hatten, historischen Quellen zufolge, in der Neuhauser Straße eine bereits im 15. Jahrhundert gegründete Brauerei betrieben. Mit ihrem Tod und dem Eintritt des Sohnes ins Kloster ging das Braurecht an den Orden über, wenngleich es der Stadtrat arg beschränkte. Denn die Mönche durften im Lerchlbräu zwar Bier brauen, aber nur für den Hausbedarf.

Doch was die Obrigkeit anordnete, war den Mönchen offenbar ziemlich egal. Sie brauten Bier, tranken es natürlich selbst, verschenkten es aber auch an Arme und verkauften es an die Bevölkerung. Offenbar war dieses Bier recht beliebt, was die anderen Brauer dazu brachte, sich zu beschweren. Gleich mehrmals sollen diese Klagen den Stadtrat beschäftigt haben, doch alle Versuche, den Paulanern die „Gastung“ zu verbieten, scheiterten an deren Beharrlichkeit.

Es ist nicht eindeutig zu belegen, wann der Orden begann, sich mit der Kunst des Bockbierbrauens vertraut zu machen. Fest

Der Blick auf die Altstadt und ihre Türme ist dann verloren. Doch der Salvatorkeller am Nockherberg wird bleiben.

Fast eine Stadt in der Stadt mit Gebäuden aus vielen Jahrzehnten Brauereigeschichte ist das Paulaner-Areal am östlichen Isar-Hochufer.

steht, dass das einfache Bockbier bereits 1614 im Hofbräuhaus vom Einbecker Brauer Elias Pichler produziert worden ist. Aus dem „Einpöckisch Bier“ wurde sehr bald im Volksmund der „Oanbock“ und daraus wiederum das Bockbier. Jedenfalls übten sich auch die Paulanermönche darin, ein solches wesentlich stärkeres Bier herzustellen und es als Fastenspeise, als „flüssiges Brot“ , zu verwenden. Es gibt eine Legende, derzufolge der Papst höchstpersönlich dieses Bier auf seine Eignung als Fastennahrung überprüft haben soll. Weil der Probetrunk wegen des langen Transports sauer in Rom ankam, sah der Papst keinen Anlass, um das Seelenheil der Ordensbrüder zu fürchten, und erteilte die gewünschte Braugenehmigung.

Die Paulaner beließen es jedoch keineswegs beim normalen Bockbier. Angeblich, um den Todestag ihres Ordensgründers Franz

von Paola am 2. April würdig begehen zu können, brauten sie ihr Bier wesentlich stärker ein als das herzögliche: als sogenannten Doppelbock. Das nahrhafte, süßliche und dunkle Getränk nannten sie nach ihrem Ordensgründer „des heiligen Franz Öl“ oder auch „Sankt-Vaters-Bier“. Natürlich schenkten sie den Doppelbock auch aus – trotz aller Verbote. Halb München soll sich am Hauptfeiertag der Ordensgründung auf den Weg gemacht haben, um in den Genuss dieses ungewöhnlich starken Bieres zu kommen. 1751 legitimierte Kurfürst Max III. Joseph den Ausschank für jeweils acht Tage – wohl auch, weil er selbst dieses Bier schätzte.

Von 1773 an wurde der Doppelbock noch berühmter – weil Valentin Stefan Still, ein Oberpfälzer Brauersohn, in das Kloster eintrat und als Bruder Barnabas die Rezeptur dieses Bieres verfeinerte, das der Volksmund

Die Bavaria (Luise Kinseher) trinkt nicht nur Starkbier – sie liest beim Traditionellen Anstich auch den Politikern die Leviten.

später „Salvator" nannte. Von 1780 an durften die Mönche es offiziell und uneingeschränkt ausschenken. Vor allem durch ihren Braubetrieb erwirtschafteten sie damals bis zu 12 000 Gulden im Jahr. 1795 starb Bruder Barnabas – vier Jahre später baten die Brüder darum, das Kloster auflösen zu dürfen. Es heißt, sie seien nicht mehr in der Lage gewesen, die von Kurfürst Karl Theodor erhobene Kriegssteuer zum Kampf gegen die Franzosen aufzubringen.

Bier wurde dort jedoch weiter gebraut, zunächst unter kurfürstlicher Regie, dann unter der Aufsicht eines anderen Ordens. Als Bayern 1806 Königreich wurde, erlebte auch die Paulaner-Brauerei eine wegweisende Veränderung. Sie wurde von Franz Xaver Zacherl übernommen, der zunächst Pächter, von 1813 an dann Eigentümer war. Schon bald nannten die Münchner sie nur noch den Zacherl-Bräu. Denn dieser Zacherl muss durchsetzungsfähig und sehr modern gewesen sein. Bereits 1842 nahm er die erste Dampfmaschine in seiner Brauerei in Betrieb. Und er kämpfte jahrelang dafür, seinen Salvator, dessen Re-

Der Salvator der Paulaner-Brauerei gilt als der „Vater aller Münchner Starkbiere".

zeptur er übernommen hatte, teurer als normales Bier verkaufen zu dürfen. 1837 gewann er diesen Kampf durch einen Erlass König Ludwig I. und bewahrte damit auch das alljährliche Starkbierfest vor dem Ende.

Zacherl soll es auch gewesen sein, der sein Bier schriftlich als Salvator bezeichnet haben soll. Weil dieses Gebräu so beliebt war, begannen auch die anderen Brauereien sukzessive ihren eigenen „Salvator" auszuschenken. Zacherl zog dagegen vor Gericht. Dessen Entscheidung sollte er selbst nicht mehr erleben, er starb 1849. Die Richter entschieden zu seinen Gunsten: Der Name Salvator sollte Eigentum der Paulaner-Brauerei bleiben. Alle anderen Brauer mussten neue Namen ersinnen, die noch heute auf die Silbe -ator enden. 120 solcher Namen sollen um 1880 herum im Münchner Patentamt eingetragen gewesen sein. Doch in München blieb der Salvator stets das, was ihm gebührt: der Vater aller Starkbiere.

Astrid Becker

In der Fastenzeit ist der Nockherberg im Münchner Stadtteil Haidhausen ein Pilgerort für Freunde starken Biers und starker Sprüche.

Gipfel der Münchner

Der Nockherberg ist einer der ältesten Biergärten der Stadt

Auch wenn aus der Paulaner-Brauerei heute eine der führenden Weißbierbrauereien der Welt geworden ist: Der Salvator bleibt untrennbar mit der Geschichte des wohl berühmtesten Biergartens der Brauerei auf dem Nockherberg verbunden. Denn dort findet alljährlich in der Fastenzeit das Salvatorfest statt, das stets mit Salvatorprobe und Politiker-Derblecken eröffnet wird. Bis 1861 wurde das Bier direkt an der Brauerei ausgeschenkt, im so genannten Zacherlgarten, danach im Zacherl-Keller, der über dem Bierkeller der Brauerei erbaut worden war. Deshalb gehört der heute auf „Paulaner am Nockherberg" umgetaufte Biergarten nebst Großgaststätte auch zu den wenigen noch echten Biergärten in der Stadt.

Ein Springbrunnen im Biergarten auf dem Nockherberg spendet in Ergänzung zum Gerstensaft erfrischende Abkühlung.

Bereits 1858 ließ die Brauerei Gstanzlsänger und Volksschauspieler bei ihrem Ausschank auftreten – um so den Umsatz zu steigern. Die erste Salvatorrede hielt dann der Münchner Humorist Jakob „Papa" Geis 1891. Damals war der Nockherberg bereits Gesprächsstoff in der Stadt: 1888 war eine zunächst harmlose Auseinandersetzung zwischen Soldaten und Zivilisten in eine grobe Massenschlägerei ausgeartet: Von dieser „Salvatorschlacht" sprach man in München viele Jahre lang. Auf dem Nockherberg sollten in den Folgejahren viele bekannte Münchner Volkssänger, Schauspieler und Kabarettisten als Festredner brillieren: der Weiß Ferdl, Adolf Gondrell, der berühmte Gstanzlsänger Roider Jackl, Walter Sedlmayer, Max Grießer,

Der heute auf „Paulaner am Nockherberg" umgetaufte Biergarten zählt zu den wenigen noch echten Biergärten in der Stadt.

Erich Hallhuber, Bruno Jonas, Django Asül, Michael Lerchenberg und seit 2011 erstmals eine Frau: Luise Kinseher. Das anschließende Singspiel lockt mittlerweile längst viele Millionen Menschen vor die Fernsehbildschirme.

Dabei hat der Paulaner am Nockherberg eine wechselvolle Geschichte hinter sich: Gleich zwei Mal wurde er vollständig zerstört und musste neu erbaut werden: 1944 bei einem Bombenangriff und 1999 durch einen Großbrand, dessen Brandstifter bis heute nicht ermittelt werden konnte. Während der Neubauphase, die bis 2003 dauerte, wurde das Starkbierfest einfach weiter gefeiert – in einem riesigen Bierzelt auf dem Mariahilfplatz. Die Pfarrei hatte das Gelände der Brauerei und dem Wirtepaar Arabella und Peter Pongratz aus alter Verbundenheit zur Verfügung gestellt. Mit dem Neubau wurden Biergarten und die Wirtschaft in „Paulaner am Nockherberg" umgetauft. Echte Münchner nennen ihn noch immer Salvatorkeller oder einfach nur Nockherberg – und daran wird sich wohl erst recht nichts ändern, wenn die Brauerei, die heute zur Schörghuber-Unternehmensgruppe gehört, in ein paar Jahren in ihren Neubau nach Langwied umgezogen ist.

Astrid Becker

Unter den Bäumen sitzt man in geselliger Runde beisammen, Touristen ebenso wie einheimische Stammgäste.

Hitzige Schlacht um den Bierpreis

Der Dorfener Bierkrieg: Beim Preis für die flüssige Nahrung hört der Spaß auf

Anno 1910 zündeten aufgebrachte Dorfener wegen einer Bierpreiserhöhung von zwei Pfennigen mehrere Wirtshäuser an.

Das Bier war noch dunkel, die Mädchen sittsam, und die Untertanen des Königreichs Bayern schwelgten unter der Regentschaft des Prinzregenten in der guten alten Zeit. So lautet das Klischee, aber die Realität sah vor hundert Jahren leider anders aus. Wie ein Menetekel für kommende Katastrophen raste anno 1910 der Halleysche Komet auf die Erde zu und lockte die Weltuntergangspropheten aus ihren Löchern. Die Bevölkerung wurde allerdings weitaus mehr von der Erhöhung des Bierpreises in Angst versetzt, denn diese galt als ein untrügliches Vorzeichen für schlechte Zeiten, Not und Krieg.

Kein Wunder also, dass Bierpreiserhöhungen regelmäßig mit Aufständen beantwortet wurden. Schon anno 1844 zog in München eine wilde Horde aus Soldaten, Burschen und Weibsbildern plündernd durch die Straßen „und betrank sich unter viehischem

Gebrüll", wie ein Zeitzeuge notierte. Etliche Münchner Brauereien wurden verwüstet, es herrschten kriegsähnliche Zustände, und viele Verletzte waren zu beklagen. Auch im Juni 1866, als sich Bayern an der Seite Österreichs für den Krieg gegen Preußen rüstete, provozierte eine Bierpreiserhöhung in München schwere Straßenschlachten.

Der wohl spektakulärste Bierkrieg tobte jedoch am 5. Juni 1910 in der oberbayerischen Kleinstadt Dorfen. Wegen der leeren Staatskassen hatte der Landtag in München Anfang

Hundert Jahre später bringen mehr als hundert Mitwirkende den legendären „Bierkrieg" zurück nach Dorfen – in einer Freilichtaufführung.

1910 ein Malzaufschlaggesetz beschlossen. Die Finanznot ist ein historisches Kontinuum, nur die Schuldenmacher ändern ihr Gesicht. Damals waren es die Kriegstreiber vom Schlage eines Kaisers Wilhelm II., dessen Rüstungspolitik ähnliche Summen verschlang wie heute das marode Griechenland. Das Deutsche Reich war 1908 mit 4,5 Milliarden Mark verschuldet und stand vor dem Staatsbankrott. Als die Brauer die neuen Abgaben auf den Bierpreis aufschlugen, begann es im Volk zu rumoren. Für die Maß mussten nun 26 statt 24 Pfennig bezahlt werden. Dabei war der Bierpreis jahrzehntelang stabil geblieben. In Niederbayern kam es zu spontanen Protestkundgebungen, die Bevölkerung wurde zu einem Bierboykott aufgerufen. Den Brauern flatterten Drohbriefe in die Häuser. Mitte Mai brannte der Heuboden des Oberbräu in Markt Schwaben bei München. Auch in Gars am Inn, in Rott, in Mühldorf und in Wasserburg brannten Brauereigebäude nieder. In Dorfen erreichte der Aufruhr einen letzten Höhepunkt.

An jenem Sonntag lag eine brütende Hitze über dem Land. In der Stadt an der Isen war Jahrmarkt, die Stimmung in der Bevölkerung

Explosive Stimmung in der Stadt an der Isen. Aus einem Bierboykott wird der Bierkrieg.

Die vom Brand betroffenen Brauereien lassen Freibier verteilen, sogar die Löscheimer sind voller Bier.

aber war wegen des Bierboykotts explosiv. Kurz nach Mittag ging das Gasthaus „Zum Jakobmayer" in Flammen auf. Bald darauf brannte auch die „Soafa", ein weiteres Traditionswirtshaus. Das Feuer erfasste auch benachbarte Gebäude. Obwohl 17 Feuerwehren ausgerückt waren, lagen die ersten Gebäude bald in Schutt und Asche. Es muss ein großes Chaos geherrscht haben. Die vom Brand betroffenen Brauereien ließen Freibier verteilen, sogar die Löscheimer waren voller Bier. Löschtrupps und Gaffer lechzten nach Wochen der Entbehrung förmlich danach, hatten sich aber mit zunehmendem Rausch nicht mehr im Griff und ließen sich zu Scharmützeln hinreißen. Daraus ergaben sich Szenen von großer Wucht, komisch und ernst zugleich.

Zeugen und Angeklagte verdächtigten später einen Wachtmeister als Urheber der Unruhen. „Macht's, dass heimgehts, gscherte Bauernrammel", soll er gesagt haben. Danach sah man nur noch Flammen, Schreie, fliegende Stühle, fliehende Gendarmen. Die wild gewordene Menge wogte gegen die Brauerei der Familie Bachmayer, warf Fenster ein, stürmte die Wirtsstube, zerschlug Stühle und

Rund um Dorfen, den Schauplatz des Bierkriegs, finden sich viele romantische Winkel.

Tische. Die Familie, die sich in ihrer Wohnung verbarrikadiert hatte, fürchtete um ihr Leben. Auf Drängen der Tochter wagte sich der alte Ökonomierat Josef Bachmayer aus der Wohnung, stellte sich in der Wirtsstube todesmutig der johlenden Menge und verkündete die Rücknahme der Preiserhöhung. Daraufhin, so sagen die Quellen, hätten die erbosten Krieger den soeben noch geschmähten Bräu hochleben lassen.

Am Ende waren zwei stattliche Wirtshäuser und fünf Bürgerhäuser niedergebrannt. Zwei Dutzend Rädelsführer landeten vor dem Landgericht München, ebenso 150 weitere Angeklagte und Zeugen. Der Prozess warf kein gutes Licht auf die bayerische Justiz, deren Urteil unausgegoren war. Nicht zuletzt deshalb, weil die meisten Zeugen im Gerichtssaal eine Gedächtnisschwäche heimgesucht hatte. Selbst die Brauereibesitzer konnten keinen Täter namhaft machen. 17 Hauptangeklagte wurden schließlich wegen Landfriedensbruchs, Ruhestörung, Sachbeschädigung, Widerstand gegen die Staatsgewalt und Werfen mit Steinen und anderen Gegenständen zu Haftstrafen verurteilt, obwohl der Staatsanwalt eingestand, dass der

Wachtmeister „die Bauern in unmotivierter Weise beleidigte und verhöhnte“ und durch diese Reizung den „unmittelbaren Anlass zu den Exzessen“ lieferte.

Wird der Bierkrieg mittlerweile mehr oder weniger als ländliches Gaudium verharmlost, so bietet er trotzdem den Beweis dafür, dass das Königreich Bayern bereits morsch war, dass die viel beschworene gute alte Zeit nur ein Euphemismus ist. Der Historiker Falk Ohorn, der den Dorfener Bierkrieg gründlich erforscht hat, sieht den Hauptgrund für die Eskalation in der „Unfähigkeit der staatlichen Organe im Obrigkeitsstaat, mit einer selbstbewusst und aufmüpfig auftretenden Bevölkerung umzugehen“. Der Dorfener Bierkrieg fand sogar ein Echo in der Weltpresse, der französische *Figaro* berichtete darüber ebenso wie die britische *Daily Mail* und die *New York Times*. Für die Dorfener war dies Anlass genug, dieses „Weltereignis“ mit den brennenden Wirtshäusern schon mehrmals vor den Originalkulissen nachzuspielen – letztmals bei zwölf Freilichtaufführungen im Sommer 2010, als sich der Bierkrieg zum 100. Mal jährte.

Hans Kratzer

Idyllisch, aber akut bedroht vom Bau der Autobahn 94 ist das Isental. Die Aufnahme zeigt vorne das Kichlein von Watzling, links hinten Oberdorfen, rechts hinten Dorfen.

Spanisches in der Biergartenlücke

Der Schauplatz des Bierkriegs ist heute ein Kulturzentrum

Das östlich von München im Isental gelegene Dorfen zählt knapp 14 000 Einwohner, ist aber flächenmäßig immerhin die viertgrößte Stadt in Oberbayern. Umso mehr verwundert es, dass in dem ausgedehnten Stadtgebiet kein Biergarten im klassischen Sinne zu finden ist. Noch dazu, als die Dorfener Gegend ja auch von einer traditionsreichen Wirtshaus- und Brauereigeschichte geprägt ist. Am ehesten verströmt noch der von Bäumen beschattete Garten des Gasthofs „Wailtl" im Herzen der Stadt das Ambiente jener von Kastanien beschatteten Biergärten, wie sie das städtische und touristische Publikum in Oberbayern so schätzt.

Diese Biergartenlücke können die Dorfener und ihre Gäste locker verschmerzen, denn wer durch die Stadt schlendert sieht sich in der Innenstadt mit einem überreichen gastronomischen Angebot konfrontiert. Die vier kreuzförmig angelegten Plätze sind geprägt von Cafés und Gasthäusern – und fast alle bieten Plätze im Freien an, die recht schnell ein italienisches Lebensgefühl wecken. Nicht zuletzt, weil der Blick auf die bunten Barock- und Biedermeier-Fassaden der Bürgerhäuser fällt, die von der einstigen Bedeutung der Stadt künden.

Angesichts solch malerischer, architektonischer Schmuckstücke fragt man sich, was aus den 1910 abgebrannten Wirtshäusern

Ein Platz, um die Seele baumeln zu lassen, ist Dorfen, die flächenmäßig viertgrößte Stadt in Oberbayern.

geworden ist. Tatsächlich wurden die „Soafa“ und der „Jakobmayer“ wieder aufgebaut. Die idyllisch an der Isen gelegene „Soafa“ erlebte in den 1970er Jahren eine Blütezeit als Kleinkunstbühne, auf der sich Zelebritäten wie die Biermösl Blosn, Ringsgwandl und Söllner erste Meriten verdienten. Mittlerweile ist die „Soafa“ zu einem Wohnhaus mutiert.

Der „Jakobmayer“, der mit seiner prächtigen Fassade den Unteren Markt schmückt, erlebt nach Jahren des Verfalls gerade eine großartige Wiederauferstehung. Seit November 2011 wird der Komplex als Dorfener Kulturzentrum genutzt. Mit Gaststätte, Kino und einem einzigartigen Jugendstil-Saal, in dem Kleinkunst und Theater geboten wird, der aber auch für Privatfeiern gemietet werden kann. Großes Aufsehen erregten die ersten beiden Eigenproduktionen der „Freunde des Jakobmayer“, die Operette „Fledermaus“ und die Oper „La Cenerentola“. Der kulinarische Schwerpunkt des Traditionslokals liegt freilich nicht auf der Bierkriegsnahrung Schweinsbraten und Knödel, sondern auf den Köstlichkeiten der spanischen Küche.

Hans Kratzer

Der Gasthof „Jakobmayer“, der mit seiner prächtigen Fassade den Unteren Markt schmückt, wird seit November 2011 als Dorfener Kulturzentrum genutzt.

Explosionen und Taschenspielertricks

Industriespionage mit dem Spazierstock und Knalleffekte

Es muss ganz schön geknallt haben. Und es ist anzunehmen, dass sich Carl von Linde bei seinen ersten Versuchen, eine Kühlmaschine zu entwickeln, auch einige Blessuren zugezogen hat. Zum Beispiel damals 1874, als ihm seine erste Maschine, die mit explosivem Methyläther als Kältemittel arbeitete, um die Ohren flog. Aber das spielte keine Rolle: Carl von Linde stellte einfach auf

Die historische Eismaschine von 1876 nach einem Patent Carl von Lindes auf Basis von Ammoniak gebaut steht heute im Eiswerk der Paulaner Brauerei.

Ammoniak um und werkelte munter weiter – was sich später als Riesenglück nicht nur für die Braubranche, sondern auch für die gesamte Lebensmitteltechnologie erweisen sollte.

Schon als Bub hatte sich der Pastorensohn für Turbinen und Dampfmaschinen begeistert. Nach dem Abitur verschrieb er sich den „concreteren Wissenschaften“ und bereits mit 30 Jahren wurde er ordentlicher Professor für theoretische Wärmelehre am Polytechnikum in München. Seine ganze Liebe galt der Frage, wie sich auf mechanische Weise Kälte erzeugen lässt. Das war zwar zu seiner Zeit kein neues Thema, aber eines, das noch nicht ausgereift war. Deshalb arbeitete der Mann, der als schmächtig und unter chronischen Zusammenbrüchen leidend beschrieben wird,

Besser als jedes Hanteltraining: Die Kellnerin im Hippodrom-Festzelt lächelt auch noch mit acht vollen Maßkrügen in beiden Händen.

Brauereigespanne sind mit ihren prächtig geschmückten Pferden eine Attraktion beim alljährlichen Oktoberfesteinzug.

hart daran, eine funktionsfähige Kältemaschine zu entwickeln. Die Chance dazu gab ihm ein Brauereibesitzer: Gabriel Sedlmayr, der Jüngere. Der Spaten-Chef stellte Linde nicht nur Räume in seiner Brauerei zur Verfügung, sondern übernahm auch sämtliche Kosten.

1873 hatte Sedlmayr auf einem internationalen Brauerkongress bei der Weltausstellung in Wien Lindes aufsehenerregenden Vortrag gehört. Dabei sprach Linde von einem Kompressionsverfahren, bei dem ein Kältemittel beim Übergang in den gasförmigen Zustand seiner Umgebung Wärme entzieht. Sedlmayr war zu dieser Zeit von gleich einigen

Sorgen getrieben: Zwar lief sein Geschäft gut. Er hatte es sogar geschafft, seinem ewigen direkten Konkurrenten, Ludwig Brey vom Löwenbräu, die Spitzenstellung in der Stadt streitig zu machen. Doch das konnte sich ja schließlich wieder ändern. Denn Brey hatte sich 1872 aus dem Geschäft zurückgezogen und aus Löwenbräu war eine Aktiengesellschaft geworden – das könnte möglicherweise eine neuerliche Kampfansage an Spaten bedeuten. So könnte Sedlmayr gedacht haben, als er davon erfuhr.

Und dann gab es da auch noch die Sache mit der Kühlung des Bieres. Die vergangenen Winter waren mild gewesen, das Eis wurde knapp und musste aus dem Oberland und sogar aus Tirol herbeigeschafft werden, was viel Geld verschlang. Linde anzuheuern war für Sedlmayr zwar ein hohes Risiko, es barg aber auch die Chance, sich in München als Spitzenbrauerei behaupten zu können. Dass beide Konkurrenten einmal verschmelzen und ihre Biermarken weit mehr als 100 Jahre später dem größten Braukonzern der Welt, AB Inbev, gehören würden, konnte Sedlmayr damals nicht ahnen – ebenso wenig, dass er in seinem Testament eine, zumindest ökonomisch betrachtet, falsche Entscheidung traf: Er verfügte eine Auszahlung von einer Million Gulden an jede seiner fünf Töchter, was seiner Brauerei zunächst eine Menge Geld für Investitionen entziehen und am Ende Löwenbräu wieder nach vorne katapultieren sollte.

Doch zunächst ging alles gut, Linde kam mit seiner Kältemaschine voran. Spätestens 1875 war sie so weit entwickelt, dass sich der renommierte Maschinenbauer und Wissenschaftler vor Aufträgen kaum mehr retten konnte. Sogar in die Triester Brauerei von Anton Dreher junior soll er gerufen worden sein – mit der Gabriel Sedlmayr ohnehin ein

An der Marsstraße in München stehen die Gebäude der Spaten Brauerei.

Gabriel Sedlmayr der Jüngere ließ 1873 in der Spaten Brauerei die von Carl von Linde entwickelte, erste funtionierende Kühlmaschine aufstellen.

freundschaftliches Verhältnis verband. Er war mit Drehers Vater und Georg Lederer aus Nürnberg, der später die gleichnamige Großbrauerei dort übernahm, in jungen Jahren durch Europa gereist, vor allem nach England. Dort hatte die Industrialisierung des Brauwesens früher begonnen als auf dem Kontinent. In den dortigen Großbetrieben, die mit modernster Technik vertraut waren, lernten die Freunde nicht nur das Saccharometer kennen, mit dem sich der Würzegehalt genau kontrollieren ließ und der Gärprozess überwacht werden konnte, sondern sie betrieben regelrecht Industriespionage. Freiwillig wollten die Engländer ihre Erkenntnisse nicht herausrücken, also griffen die Drei zu einem legendär gewordenen Trick: Sie führten Spazierstöcke mit sich, die innen hohl und unten mit einem Ventil versehen waren. Damit entnahmen sie heimlich Proben aus den Braukesseln und ließen sie untersuchen, um daraus neue Erkenntnisse zu gewinnen.

Als Sedlmayr auf Linde traf, war diese Zeit längst vorüber. Aber Gabriel, der Jüngere, und seine Familie hatten sich einen legendären Ruf in der Stadt erworben – was, wenn man so will, teilweise auch ihrer Verbindung zur Wiener Brauerfamilie Dreher zu verdanken war. Da war zum Beispiel Sedlmayrs Bruder Josef: Der hatte sich bereits 1842 die Leist-Brauerei gekauft, die er später mit der Franziskanerbrauerei seines Schwagers, August Deiglmayr, fusionierte. Josef Sedlmayrs Sohn Gabriel, der dritte in der Familie mit diesem Namen, hatte ein ganz besonderes Bier in Wien kennengelernt, bei den Drehers natürlich – ein untergäriges recht helles Lagerbier. Das muss Josef Sedlmayr dazu veranlasst haben, ein ähnliches Bier zu kreieren, das Michael Schottenhamel zum ersten Mal 1872 in seinem Wiesnzelt ausschenkte.

Bei Spaten in München wird auch das Dachauer Volksfestbier gebraut.

Dieses spezielle Bier kam so gut an, das es in den Folgejahren das bislang übliche, etwas dunkler gefärbte Märzen auf der Wiesn komplett verdrängte. Daran hat sich bis heute nichts geändert.

23 Jahre später stellte Spaten erneut eine Bierinnovation vor: Das Münchner Helle, das schon bald von den anderen Brauereien nachgeahmt wurde. Gabriel Sedlmayr erlebte diese Sensation nicht mehr. Er starb 1891. Im selben Jahr zog sich Linde aus seinem mittlerweile florierenden Unternehmen zurück und wechselte wieder zu Forschung und Lehre. Seine legendäre Eismaschine jedoch kann man sich noch heute bei einer Brauereiführung ansehen – allerdings bei der Konkurrenz: Paulaner besitzt noch ein Originalexemplar in seinem Eiswerk an der Ohlmüllerstraße.

Astrid Becker

Markenzeichen mit hohem Wiedererkennungswert: das Spaten-Wappen mit den Sedlmayr-Initialen.

Hochburg der guten Laune

Der Löwenbräukeller hat einen Biergarten mit 1000 Plätzen

Wenn man die Einheimischen und namentlich die Fremden beraten hört, wo sie sich am Abend treffen wollen, so könnte man fast meinen, dass es in ganz München keinen einzigen Keller gibt als den Löwenbräukeller", so schrieb einst, 1885, der *Bayrische Kurier*. Freilich: In dieser Zeit hatten Spaten und Löwenbräu noch gar nichts gemein. Vielmehr beäugten sich die Konkurrenten mit Argusaugen. 1861 hatte der damalige Eigentümer der Löwenbrauerei, Ludwig Brey, das Nachbaranwesen vom Bierwirt Nikolaus Naßl erworben, 21 Jahre später wurde darauf der Löwenbräukeller nach den Plänen von Professor Albert Schmidt erbaut für knapp 420000 Mark, das war für die damalige Zeit sehr viel Geld. Aber die Löwenbrauerei, die mittlerweile Aktiengesellschaft war, florierte. Ein Jahr später wurde der Keller eröffnet.

Zehn Jahre später wurde der Bau, der längst zur Hochburg des Münchner Faschings geworden war, um seinen Turm erweitert, den ebenso wie die neue Fassade Professor Friedrich von Thiersch gestaltet hatte. Bereits um die Jahrhundertwende galt der Löwenbräukeller als seiner Zeit voraus: Weltbekannte Kapellen aus dem In- und Ausland gaben hier Konzerte. Zu dieser Zeit lagen die Geschicke der Spaten Brauerei sowie der Franziskaner-Leist-Brauerei längst in den

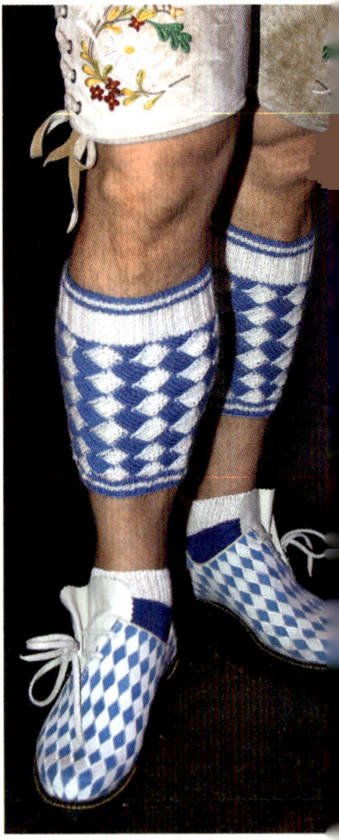

Im Traditionsrausch: Weiß-blaue Rauten und eine krachbunte Krachlederne – man muss zum Biertrinken nicht unbedingt so ausstaffiert sein.

Händen der Erben von Gabriel und Joseph Sedlmayr. Im Jahr 1922 fusionierten beide Brauereien – und 55 Jahre später, 1997, sollte Löwenbräu und damit auch der Löwenbräukeller hinzukommen.

Doch der hatte vorher einiges zu ertragen: Hitler nutzte den Keller für seine Hetz-Tiraden. Im Zweiten Weltkrieg wurde das Gebäude schwer beschädigt und von 1950 an wieder hergestellt. 1984, genau am 23. Juli, brannten Festsaal, Galerie, Balkon und Bühnenhaus komplett aus und mussten erneut wieder aufgebaut werden. 20 Jahre später verkauften die Sedlmayr-Erben und ihre Mitgesellschafter ihre Biermarken Spaten, Franziskaner und Löwenbräu. Eigentümer ist heute der Weltkonzern AB Inbev. Die Immobilien sind jedoch weiter im Besitz der Familie Sedlmayr. 2008 übernahm der Wiesnwirt Christian Schottenhamel als Pächter den Löwenbräukeller und verhalf ihm zu neuem Glanz. Der Biergarten mit 1000 Plätzen hat auch Hochterrassen und eine Schmankerlgasse. Schon während der Starkbiersaison, die hier über die ganze Fastenzeit hinweg zelebriert wird, sitzen die ersten Gäste im Freien.

Schottenhamels Vorfahren hatten 1867 eine kleine Bretterbude auf dem Oktoberfest betrieben. Und wer war schon damals ihr Bierlieferant? Keine Frage: Spaten.

Astrid Becker

1882 wurde der Löwenbräukeller nach den Plänen von Professor Albert Schmidt erbaut.

Kernkompetenz Weißbier

Das Produkt der Erdinger Brautradition kennt man mittlerweile in 79 Ländern

Die historische Fassade des Erdinger Weißbräus prägt das Zentrum der alten Herzogsstadt.

Es war im Jahr 1985, auf einer Fähre zwischen der griechischen Hafenstadt Volos und der Insel Skiathos, als eine fünfköpfige Gruppe von Teenagern aus Neufahrn bei Freising – erstmalig im Urlaub ohne Eltern unterwegs – nicht schlecht staunte, weil auf dem kleinen Schiff außer Ouzo auch Erdinger Weißbier angeboten wurde. Das Staunen wich freilich schon im nächsten Augenblick großer Dankbarkeit. Etwas, was man kennt, so weit entfernt von Zuhause, das tut einfach gut. Und geschmeckt hat es auch. Heutzutage löst das Logo des Erdinger Weißbräus nur noch selten Überraschung aus. In 79 Länder exportiert die Privatbrauerei von Werner Brombach, 1,7 Millionen Hektoliter Weißbier stößt das Unternehmen jährlich aus und ist damit weltweit Marktführer.

Goaßlschnalzer lassen es krachen, als der Erdinger Weißbräu 2006 sein 120-jähriges Bestehen feiert.

Darum, möglichst schnell noch ein größeres Gebiet zu beliefern, geht es der bayerischen Traditionsbrauerei erstaunlicherweise aber nicht. „Die Zahl der Länder, in die wir exportieren, schwankt", sagt Marketingleiter Wolfgang Kuffner. Er sitzt im Büro von Geschäftsführer Josef Westermeier, eingerichtet im Verwaltungstrakt des vor drei Jahren originalgetreu restaurierten Stammsitzes der

Familie Brombach. Der Gebäudekomplex in der Langen Zeile 1 bis 3, mitten im Herzen Erdings, beherbergt außerdem eine Gaststätte und ein Vier-Sterne-Hotel. „Mal kommt ein Land hinzu, mal springt eines ab. Wir bewerben das auch nicht. Wir konzentrieren uns auf unsere Rolle in Deutschland und unsere Kernkompetenz. Und die heißt: Weißbier brauen." So ist es auch kein Zufall, dass es kein Mixgetränk oder andere Experimente aus dem Hause Brombach gibt. „Wenn man ein Radler oder einen Russen trinken will, ist es das Beste, ihn selber frisch mit Bier und Limo zu mischen", sagt Josef Westermeier. Wenn die Brauerei an Neuerungen bastelt, sind es Ableger des Weißbiers: Das kleine Erdinger Champ, ein Dunkles, eine Schneeweiße oder eine Urweiße gibt es. Und natürlich das Erdinger Alkoholfrei.

Grundsätzlich ist der Erfolg der Privatbrauerei, deren Geschichte mit der Gründung des „Weißen Bräuhauses“ zu Erding im Jahr 1886 begann, sicher auf das Geschick der Familie Brombach zurückzuführen. 1935 übernahm der damalige Geschäftsführer Franz Brombach das Unternehmen. 1965 trat der heutige Inhaber Werner Brombach ein, mit dem erklärten Ziel, eine national bekannte Weißbiermarke zu schaffen und sie auf dem Markt durchzusetzen. Werner Brombach übernahm nach dem Tod seines Vaters 1975 den Betrieb endgültig, bereits zwei Jahre später hatte er sein Ziel übertroffen: Zu Buche standen 225 000 Hektoliter Ausstoß, Erdinger Weißbier war Marktführer. Strategische Schachzüge, wie etwa Franz Beckenbauer als Werbeträger an Bord zu holen, haben dazu beigetragen, dass der Höhenflug des mittel-

Prominente Sportlerinnen und Sportler werben für die Marke. Insgesamt zählen heute 19 Profi-Sportler und 3 500 ambitionierte Amateursportler zum Team Alkoholfrei.

In 79 Länder exportiert die Privatbrauerei von Werner Brombach. 1,7 Millionen Hektoliter Weißbier stößt das Unternehmen jährlich aus und ist damit weltweit Marktführer.

ständischen Betriebes bis heute anhält. Im Jahr 2001 stand Erdinger Weißbräu vor einer großen Herausforderung. Es galt, die Marke Alkoholfrei verkaufsfördernd zu positionieren. „Das war schwierig, der Markt für alkoholfreies Bier lag am Boden", sagt Westermeier. Und er erläutert die Herangehensweise: „Wir haben uns angesehen, wie die Konkurrenz ihre alkoholfreien Sorten bewirbt. Das lief nur über die Schiene: Schmeckt wie normales Bier. Das wollten wir nicht, weil es nicht so ist. Kaffee ohne Zucker schmeckt auch nicht wie Kaffee mit Zucker." Von dem Produkt sei man allerdings voll und ganz überzeugt gewesen. Jetzt galt es, auch die Kundschaft zu überzeugen. „Zum einen davon, dass es ein anderes Getränk ist als Bier, zum anderen davon, dass es gut schmeckt."

Die zündende Idee kam eher zufällig. Bei einem eigenen Filmdreh hätten zwei Berner-sennen-Welpen aus einem Wassertrog saufen sollen. „Die haben alles andere gemacht als das", sagt Westermeier. „Also haben wir sie an einem Salzstein lecken lassen. Danach sind sie zum Wasser gesaust, haben getrunken und für uns war klar: Wir platzieren Erdinger Alkoholfrei am besten als Sportverköstigung." Dazu habe man zuvor das Erdinger Alkoholfrei genauestens untersucht und damit seine isotonische Wirkung belegen können. „Viel Folsäure, Spurenelemente und Vitamine", fasst Westermeier zusammen. Der Geschäftsführer für den Bereich Marketing und Vertrieb weiß, dass Weißbier an sich auch schon vorher als Sportlergetränk galt. „Aber eher wegen der Erfrischung und der Belebung des Organismus. Wir haben das tatsächlich erst beim Alkoholfrei untersucht."

Jetzt mussten noch die geeigneten – also möglichst beanspruchte – Sportler gefunden werden. Die ersten Werbeträger kamen also aus dem Ausdauersport, die sechsfache Ironman-Siegerin Nicole Leder war mit die Erste, die von Erdinger Alkoholfrei gesponsert wurde. Bis heute ist sie unter Vertrag. Prominenteste Athletin war freilich die Biathletin Magdalena Neuner. Insgesamt zählen heute 19 Profi-Sportler und 3500 ambitionierte Amateursportler zum Team Alkoholfrei. „Wir sichten fleißig, es geht für uns ja auch darum, die Stars von morgen frühzeitig zu binden", sagen Westermeier und Kuffner. Wieder einmal passte die Strategie: Fünf Jahre nach dem Start war der isotonische Durstlöscher aus der Herzogstadt die Nummer eins am Markt der alkoholfreien Biere.

Das Erdinger Weißbräu geht gerne hausieren mit seiner Tradition, mit der Nähe zur Bevölkerung. „Wir wollen unseren 500 Mitarbeitern Sicherheit geben", sagt Westermeier. Und Kuffner glaubt fest daran, dass sich die Zufriedenheit der Belegschaft auszahlt. „Normalerweise zieht man nach der Arbeit doch sein Firmengewand aus. In Erding sieht man immer und überall unser Logo auf T-Shirts. Die Mitarbeiter identifizieren sich stark mit dem Betrieb."

Matthias Vogel

Auf plakative Werbung verstand sich die Erdinger Brauerei auch schon im Jahr 1935.

Als Treffpunkt ein Volltreffer

Die „Schiaßn" in Erding hat einen Biergarten mit 400 Plätzen

Die schönsten Biergärten sind wohl die altehrwürdigen. In Stadt und Landkreis Erding sucht man allerdings vergebens nach größeren Exemplaren. Immerhin gibt es einen Ort mit Potenzial für einen traditionellen Biergarten und ein wenig Geschichte bringt er sogar mit. Die zwischen 1921 und 1928 erbaute „Schiaßn", eine ehemalige Schießhalle des königlich privilegierten Schützenvereins Erding, wurde bis ins Jahr 2009, nachdem der Schießbetrieb eingestellt worden war, als Diskothek genutzt. Danach dämmerte das Gebäude neben dem Erdinger Volksfestplatz vor sich hin. Seit zwei Jahren ist die Schießhalle der Treffpunkt für Kleinkunst, Kabarett, Theater und Livemusik. Und zu dem Eventlokal gehört eben ein wunderschön gelegener Biergarten inklusive Naturspielplatz für die kleinen Gäste.

Für Börni Sparakowski und Uwe Pianka war von Anfang an klar, dass sie mit dem Neuaufbau der schlossartigen Schießstätte auch den Biergarten wieder beleben wollten. Weil das Ensemble nur zusammen richtig wirke. „Bis zu diesem Zeitpunkt wurde der Biergarten immer wieder einmal betrieben", sagt Sparakowski, der sich zwar nur um das Kulturprogramm der Schiaßn kümmert, aber dennoch um die Vorzüge des Biergartens weiß. „Das ist wirklich einer der schönsten Orte Erdings und der größte Biergarten der

Immer ist was los in der Erdinger „Schiaßn", dem ehemaligen Schützengebäude aus dem Jahre 1921.

ZumEventlokal gehört ein wunderschön gelegener Biergarten.

Stadt, wenn nicht gar des Landkreises." Uwe Pianka und sein Sohn Mario bewirten aus dem Stüberl heraus von Mittwoch bis Sonntag, immer von 16 bis 24 Uhr die Gäste.

Eigentlich würde der Biergarten 800 Besuchern Platz bieten. Zu viel, gemessen am Andrang, dachten sich die Macher und reduzierten mit Bäumen, Pflanzen, Skulpturen und Lounge-Möbeln das Fassungsvermögen. Der Gemütlichkeit war das freilich zuträglich, jetzt könnten zwischen 300 und 400 Ausflügler gleichzeitig Brotzeit machen.

An diese Grenze sind die Betreiber aber bislang noch nicht gestoßen. „Das ist kein klassischer Biergarten, bei dem es ausschließlich um die Maß Bier geht. Es geht auch um die Gestaltung, darum, etwas für das Auge zu bieten", sagt Sparakowski. Und wenn in den Abendstunden das kleine Schlösschen und der Biergarten beleuchtet sind, dann herrscht schon eine ganz besondere Stimmung.

Ein überschaubares Stammpublikum kommt regelmäßig, ansonsten glaubt Sparakowski, dass den Erdingern die Schönheit des Objektes noch nicht so bewusst ist – die idyllische Lage zwischen Schwimmbad und Kronthaler Weiher mit schattigen Plätzen unter Kastanien- und Lindenbäumen. „Und natürlich", so Sparakowski, „kann man sich bei uns auch seine Brotzeit mitbringen."

Matthias Vogel

Seit 2010 ist die Schießhalle ein Treffpunkt für Kleinkunst, Kabarett, Theater und Livemusik.

Heimliche Bier-Revolution

Braukunst made in Gräfelfing: Wo „Master Brewer" und Sommeliers auf den Geschmack kommen

Auf dem kleinen Tisch im Eingangsbereich liegen eine Ausgabe der *Brauindustrie*, der Kundenzeitschrift eines Herstellers von Abfüll- und Verpackungsanlagen, das *Disco Magazin* – und ein schon etwas abgegriffener Bildband mit dem Titel „Naturwunder Bayerns". Die Gänge des Gebäudes aus den 1960er Jahren sind klar männerdominiert: Die meisten Anfang 20, in Shorts und Turnschuhen.

„Bier ist genauso komplex wie Wein", sagt Dr. Wolfgang Stempfl, der Leiter der Doemens-Akademie in Gräfelfing. „Es bekommt nur weniger Aufmerksamkeit."

Es ist der Tag der Zeugnisübergabe in der Fachakademie für Brauwesen und Getränketechnik mit dem Namen Doemens. 73 junge Männer und Frauen erhalten heute ihre Zertifikate als Braumeister beziehungsweise Master Brewer, staatlich geprüfte Brau- und Getränketechnologen sowie Getränkebetriebswirte. Die Akademie Doemens, benannt nach ihrem Gründer Albert Doemens, liegt seit 1965 direkt an der Würm, zwischen Einfamilienhäusern und weitläufigen Gräfelfinger Gärten. Unscheinbar steht da der dreistöckige weiße Kastenbau. Nichts deutet darauf hin, dass von hier aus die Idee von Bier revolutioniert wird.

Die Akademie Doemens, als Verein von mehr als 200 Mitgliedern getragen, ist neben der Fachhochschule in Weihenstephan und der Technischen Universität Berlin eine von drei Lehrstätten in Deutschland, die Fachkräfte im Brauereiwesen ausbilden. „Das Besondere an Doemens ist, dass man hier praxisnah ausgebildet wird“, sagt Maximilian Roithmeier, der als Klassenlehrer seine Brauer- und Mälzermeister gerade entlassen hat. Dafür gibt es eine Lehrbrauerei, Labore sowie ein Abfüll- und Verpackungstechnikum. Viele der 25 Mitarbeiter und Lehrkräfte sind gleichzeitig als Berater tätig oder bieten Seminare für die Industrie an. Der Stundenplan für die Schüler wird zweiwöchentlich neu gemacht, denn: Der Doemensianer steht immer auf Abruf bereit.

Gleich im Erdgeschoss befindet sich das Büro von Wolfgang Stempfl, Geschäftsführer und Schulleiter der Akademie. Über seinem Schreibtisch hängt die Silhouette Italiens. Das Weinland in der Schaltstelle einer der bekanntesten Akademien für Brauereiwesen weltweit? In gewisser Weise ist das als Programmatik zu verstehen: „Bier ist genauso

In Gräfelfing werden Biersommeliers und Bierbotschafter ausgebildet und die Wissenschaft vom Genuss weltweit exportiert.

Schaut aus wie Vollmilch, ist aber Bier. Christian Storch zieht eine Probe.

komplex wie Wein", erklärt Stempfl, „es bekommt nur weniger Aufmerksamkeit." Das zu ändern, ist Stempfls Mission. Vor sechs Jahren rief der promovierte Lebensmitteltechnologe die Genussakademie ins Leben. Seitdem werden in Gräfelfing Biersommeliers ausgebildet – und das Ausbildungskonzept weltweit exportiert. Die „Vermittlung von Bierwissen auf höchstem wissenschaftlichen Niveau" ist, laut Informationsbroschüre, Ziel der 100 Unterrichtseinheiten, die jeden Teilnehmer 2750 Euro kosten. In nur drei Seminartagen kann man sich außerdem zum Titel eines Bierbotschafters durchschmecken.

Die Idee des neuen Standbeins Genussakademie ist nicht die Spinnerei eines Bierfanatikers. Als solche war sie anfangs von vielen Fachleuten abgetan worden. Vielmehr spielten wirtschaftliche Überlegungen eine große Rolle: Seit den 1980er Jahren sind die Zahlen im deutschen Brauwesen rückläufig. Seitdem boomen die Märkte in China, Thailand oder Russland. Heute gebe es ganz klar einen „globalen Bierstil", erklärt Stempfl. Ist das Bierland Bayern also zum bloßen Mythos verkommen? Man muss schon genauer hinsehen.

Die ukrainische Brauerei Radomyshl gewann 2004 gleich zwei Auszeichnungen, die die internationale Brauereiwelt in Staunen versetzten: Sowohl bei den World Beer Cups als auch bei den Brewing Industry International Awards räumte der Gerstensaft aus Europas Osten die Goldmedaille für das beste Hefeweizen ab. Der Braumeister: ein Doemensianer.

Die Brautechnische Akademie im chinesischen Wuhan gilt als die Wiege der chinesischen Braufachkräfte für Produkte, die längst die Ranglisten im Bier-Export anführen: Das Lehrpersonal wurde fast ausschließlich in Gräfelfing ausgebildet. Das einzig wahre bayerische Bierland scheint es nicht mehr zu geben, vielmehr eine sehr gut vernetzte Bierwelt.

„Unser Pfund, mit dem wir wuchern können, ist: Deutsches Bier ist noch immer von Weltrang. Auch Technologie und Ausbildung sind weltweit Maßstab", sagt Schulleiter Stempfl. Deshalb kommen noch immer rund 20 Prozent der Studenten in Gräfelfing aus dem Ausland. Gemeinsam mit dem Siebel Institute in Chicago wird bei Doemens die englischsprachige Ausbildung zum Master Brewer angeboten. Biere weltweit werden durch

Deutsches Bier ist noch immer von Weltrang. Auch Technologie und Ausbildung sind weltweit Maßstab – davon ist man in Gräfelfing überzeugt.

Der angehende Biersommelier lernt bei Wolfgang Stempfl, die technisch perfekten von den besonderen Gerstensäften zu unterscheiden – und sie zu vermarkten.

die Internationalisierung immer besser und technisch perfekter – aber eben auch immer gleicher. Hier sieht Stempfl das Entwicklungspotenzial, gerade auf dem stockenden deutschen Biermarkt. Der Biersommelier lernt, die technisch perfekten von den besonderen Gerstensäften zu unterscheiden – und sie zu vermarkten.

„Wir müssen kleinen Brauereien die Chance geben, sich neu zu positionieren", erklärt der Bier-Gourmet. Das richtige Bier zum Hummer, feiner Hopfen zum Käse. Bier, das ist nicht nur das schnelle Getränk zur Fußball-Bundesliga. Es kann in Whiskeyfässern gelagert, verschnitten werden (Blend-Bier), oder mit bis zu 55 Prozent Alkoholgehalt kaum mehr an ein kühles Blondes erinnern. Und es kann entsprechend teuer sein: In

Das perfekte Bier ist eine Wissenschaft für sich. Das wissen auch Franz Reisky, Sebastian Degen und Ingrid Steinack.

Stempfls Büro steht eine Flasche Utopias der Boston Beer Company. In der hübschen Verpackung warten 0,25 Liter Gegärtes für 150 Dollar darauf, wertgeschätzt zu werden.

Aber aller Globalisierung zum Trotz: Doemens wird in Gräfelfing bleiben, das ist Stempfl zufolge sicher. Und es werden weiterhin Schüler aus aller Welt an die Würm kommen, um Braukunst zu lernen. Zu den „Naturwundern Bayerns“ gehört eben immer noch der Gerstensaft.

Agnes Fuchsloch

Das teuerste Bier der Welt. Eine Flasche Utopias kostet 150 Dollar, hat wuchtige 25 Prozent Alkohol und es kommt, natürlich, aus den USA.

Friede und Freude bei Brezn und Bier

Das „Waldheim“ ist eine versteckte Oase im Würmtal

Das Holzschild, das an der Abzweigung vom Wallfahrerweg nach Maria Eich steht und gen Wald zeigt, ist so klein, dass man es leicht übersieht. Eine Brezn und ein schaumgekröntes Bier sind darauf eingebrannt. Ein kindlich wirkendes Piktogramm. Es ist der einzige Hinweis auf das „Waldheim“, das vom „Evangelischen Handwerker-Verein von 1848 München“ in den 1920er Jahren hier errichtet wurde.

Das Waldheim ist kein Biergarten im engeren Sinn, sondern ein gemeinnütziger Ort der Naherholung. Damals, 1924, hatte der Handwerker-Verein das Grundstück im Landschaftsschutzgebiet erworben, „um vor den Toren Münchens Kindern einen Ort der Erholung anzubieten“, wie der Vereinsvorsitzende und evangelische Sozial- und Industriepfarrer Roland Pelikan sagt. Auch heute noch werden die Tore des Waldheims während der bayerischen Sommerferien erst um 17 Uhr (sonst wochentags bereits um 14 Uhr) für Gäste geöffnet: Davor toben Münchener Kinder auf dem ausgedehnten Waldspielplatz. Stadtranderholung heißt das auch 90 Jahre später.

Auf der Gräfelfinger Lichtung scheint die Zeit stehen geblieben zu sein. Die Gebäude aus dunklen Holzbalken mit grünen Fensterläden verbreiten Pfadfinderromantik in Miniatur. Die Schaudig-Eiche in der Mitte des

Der Träger, der gemeinnützige „Evangelische Handwerkerverein“ macht’s möglich: Die Maß kostet hier nur fünf Euro.

Schon in den 1920er Jahren gab es Stadtranderholung – vor allem die Kinder profitieren bis heute davon.

Platzes erinnert noch heute an Pfarrer Hilmar Schaudig, der 1912 zum Vorsitzenden des Vereins gewählt worden war.

Die Bewirtung von Wallfahrern, Familien aus der Umgebung oder durstigen Würmtal-Radfahrern liegt seit neun Jahren in den Händen von Familie Gremm. Während der Waldheim-Saison von Mai bis September ist Franz Gremm der Mann für Alles auf dem Gelände: Er sorgt dafür, dass die Erholung der Gäste auf der Lichtung im Lochhamer Schlag gesichert ist. Eine Herausforderung ist besonders das gastronomische Angebot, denn auch Küche und Ausschank haben Puppenhaus-Format. Wer hier die Hendl und Weizen in Fließbandgeschwindigkeit erwartet, wird enttäuscht. Das kulinarische Angebot beschränkt sich auf Brotzeiten mit einer beachtlichen Bandbreite an Wurstsorten. Am Wochenende werden außerdem Spareribs und Schweinenackensteaks gegrillt. Das Bier stammt von der Brauerei Ayinger, der Preis von fünf Euro pro Maß ist nur möglich, weil es sich um einen gemeinnützigen Träger handelt.

„Wer durch dieses Tor geht ein und aus / nehm Fried und Freude mit nach Haus“ steht auf dem Emaille-Schild über dem Eingang. Es riecht nach Harz und feuchtem Laub, ein Specht bearbeitet den Baum neben der Bank im Schatten: Friede und Freude, das lässt sich nur bestätigen, ist hier bei jedem Bier und jeder Brotzeit inklusive.

Agnes Fuchsloch

Das Würmtal im Münchner Westen bietet lauschige Plätzchen abseits des Durchgangsverkehrs.

Bio-Fassbier aus ökologischen Rohstoffen

Althergebrachte Braukunst in Herrmannsdorf

Die Herrmannsdorfer Landwerkstätten sind ein Paradies für Naturliebhaber, Verfechter der ökologischen Landwirtschaft, ein Ausflugsziel mit ganz eigenem Charakter – und mit einer eigenen Brauerei.

Die Größe ist nicht mehr entscheidend – zumindest nicht für Karl Ludwig Schweisfurth. Der Unternehmer hat in den Anfängen seiner Karriere als Praktikant in den Vereinigten Staaten die riesigen Ausmaße der dortigen Schlachthöfe kennengelernt – und viel von diesen Erfahrungen mit nach Deutschland gebracht. Den eigenen Familienbetrieb baute der gebürtige Hertener zum größten Fleischfabrikanten Europas aus – Herta-Wurst ist noch heute ein Inbegriff der massenhaften Produktion von Wurst- und Fleischwaren, ein Synonym für volle Regale und auch Massentierhaltung.

Das Streben nach Größe aber hat Karl Ludwig Schweisfurth längst aufgegeben – wie auch sein Sohn Karl. Die beiden haben ihr Glück und ihre Aufgabe im Kleinen gefunden – im malerischen Süden des Landkreises Ebersberg auf dem ehemaligen Gutshof Herrmannsdorf bei Glonn. Vor gut 25 Jahren hat Vater Karl Ludwig dort die Herrmannsdorfer Landwerkstätten gegründet – ein kaum für möglich gehaltenes Gegenstück zu jener Firma, die er einst groß gemacht hat. Ein Paradies für Naturliebhaber, Verfechter der ökologischen Landwirtschaft und Viehzucht, ein offenes Ausflugsziel mit ganz eigenem Charakter – und sogar einer eigenen kleinen Brauerei: „Schweinsbräu" nennt sich das Bier, das – entsprechend bescheiden – im ersten Stock im Verwaltungstrakt hergestellt wird. Ein Sud wie aus einer längst vergangenen Zeit, zur Gänze aus ökologischen Rohstoffen der Region hergestellt und der Tradition des wahren Handwerks seit Anbeginn verpflichtet.

Es ist wenig Platz hier oben zwischen dem gleichnamigen Restaurant Schweinsbräu

ÖQ wie „ökologisch": So nennen die Herrmannsdorfer ihre Bistros in München.

Von Herten nach Herrmannsdorf: Karl Ludwig Schweisfurth.

In einem ehemaligen Gutshof im Landkreis Ebersberg haben die Herrmannsdorfer Landwerkstätten ihren Sitz.

und den Treppen, die hinaus in die Büros und hinab in den mit Kastanien geschmückten Biergarten führen. Ein paar Gläser stehen auf dem Schreibtisch neben einigen Notizen, die in einer kaum leserlichen Handschrift das Geheimnis des Herrmannsdorfer Rezeptes verbergen. Es ist die Schrift von Josef Riedl, der als derzeitiger Braumeister auf dem ehemaligen Gut residiert, oder besser gesagt, seine Arbeit nach eigenen Vorstellungen verrichtet. Denn der Meister aus Bad Aibling kann sich ganz auf eine Spezialität konzentrieren: Das naturtrübe Fassbier, das er in einem Sudkessel herstellt. An die Klänge der Abfüllanlage, die aufgrund ihres hohen Alters noch von zahlreichen Hilfskräften bestückt werden musste, können sich die meisten Mitarbeiter aber noch erinnern. „Vor drei Jahren haben wir das Brauen von Flaschenbier aus-

gelagert“, erinnert sich Else Artmann. „Die ganzen Produktionsanlagen waren der Menge nicht mehr gewachsen und eine komplett neue Anlage wäre zu teuer gewesen.“

Daher ist der Herrmannsdorfer Schweinsbräu heute tatsächlich der Inbegriff einer Kleinstbrauerei, die großen Mengen an Bier, in den Sorten Gold, Dunkel und Weißbier, werden mittlerweile im niederbayerischen Brauhaus Riedenburg exakt nach Herrmannsdorfer Rezept hergestellt und in Flaschen abgefüllt. „Das ist unser Bier, wie wir es selbst noch vor wenigen Jahren gebraut haben. Wir legen Wert darauf, dass es dabei keine Veränderungen gibt“, sagt Else Artmann. Das niederbayerische Familienunternehmen passt perfekt zum Grundsatz der Familie Schweisfurt: Nach rein ökologischen Prinzipien werden in Riedenburg jährlich 20 000 Hektoliter

Glückliche Schweinchen in Herrmannsdorf. So glücklich, dass sie dem Bier den Namen geben durften.

Bier hergestellt – darunter die markanten Herrmannsdorfer Sorten mit dem ebenso auffälligen Logo auf der Flasche.

Die Schweine, wie unschwer zu erraten, haben dem Bier seinen Namen gegeben. Und bei einem Besuch der Herrmannsdorfer Landwerkstätten ist es unmöglich, der Viecher nicht gewahr zu werden. Während die Eltern bereits nach einem schattigen Platz im Biergarten suchen, hängt der Nachwuchs längst am Zaun, der die schwäbisch-hällischen Schweine am Ausreißen hindert. Hinter dem herrlich restaurierten Gutshof breiten sich großzügige Weiden aus – dahinter erstreckt sich von Ost nach West die Alpenkette in voller Pracht. Und doch führt der Weg eines jeden Gastes auch in die kleine Brauerei im Obergeschoss, in der sich Braumeister Josef Riedl eingerichtet hat. Hier nimmt er sich gerne Zeit für Besucher, führt diese ein in die Welt der ökologischen Braukunst, lässt sie bei seinen Brauseminaren aktiv an einem spannenden Vorgang teilhaben. Wie entsteht ein Sud? Wie läuft der Vorgang des Maischens ab? Wann wird gekocht, wann der Hopfen zugegeben? Und wo kommt der überhaupt her? Von einem Biobauernhof? Es handelt sich, berichtet der Braumeister, um ungespritzte Gerste und ebenso unbehandelten Hopfen aus der Region, teilweise sogar von den Feldern der Landwerkstätten. Seine naturtrübe Färbung erhalte das Bier dadurch, dass es nicht gefiltert werde – so könne sich der ursprüngliche Geschmack beim Brau- und Gärvorgang voll entfalten. Der Geschmack des Bieres bestätigt das: Kräftig ist das goldene Helle in der Bügelverschlussflasche, 4,8 Prozent stark und ein wenig fruchtig. Mit einer Halben lässt es sich im Biergarten aushalten.

Doch auch zur kalten Jahreszeit kommt der Besucher des historischen Gutshofes in den Genuss einer besonderen Spezialität: In der urigen Gaststätte Schweinsbräu, die von Thomas Thielemann geleitet wird, schmeckt in den Wintermonaten besonders das Herrmannsdorfer Weihnachtsbier – passend zu Speisen aus ökologischen Produkten des Hofes. Es ist eine kleine Freude, die das große Ganze der Landwerkstätten veredelt.

Martin Mühlfenzl

Kräftig, fruchtig und naturtrüb: das Herrmannsdorfer Bier.

Vor gut 25 Jahren wurden im Landkreis Ebersberg die Herrmannsdorfer Landwerkstätten gegründet. Dort wird auch die Salami ökologisch produziert.

Doppeldecker im Biergarten

Im Fliegerbräu in Feldkirchen gibt's selbst gebrautes Weißbier

Ein Flugzeug im Biergarten, das gibt es wohl nur einmal. Im Fliegerbräu in Feldkirchen steht es gleich neben dem Kräutergarten in der Ecke. Der nachgebaute Doppeldecker in Originalgröße verbreitet die passende Stimmung zu diesem Ort. Denn die Gaststätte ist im Jahr 1991 entstanden, kurz vor dem Umzug des Flughafens von Riem ins Erdinger Moos, und sollte diesem ein kleines Denkmal setzen. Flugzeuge in Groß und Klein spielen hier denn auch eine entscheidende Rolle, nicht nur im Biergarten mit rund 210 Sitzplätzen, sondern auch im Inneren, wo traditionell abends um 22 Uhr Papierflieger gebastelt und das „Fliegerlied" von Hans Albers angestimmt werden.

Heuer ist die zweite Biergartensaison seit der Neueröffnung der berühmten Gaststätte. Denn im Jahr 2010 endete die große Zeit abrupt, da der Wirt Dietmar Gunz andere Projekte verfolgte und einfach zusperrte. Eine der traurigen Stammgäste war Beate Feldschmied, Gattin des heutigen Wirts Hubert Feldschmied. Sie hatte als Mädchen in Haar gewohnt und war regelmäßig mit ihren Freundinnen nach Feldkirchen in den Fliegerbräu-Biergarten geradelt. Und jetzt, nachdem das Gasthaus geschlossen war, fuhr sie ebenfalls fast täglich daran vorbei, da ihr Mann eine Druckerei in Feldkirchen betrieb. So lange, bis sie es nicht mehr mit ansehen

Fliegerlied und Papierflieger: Flugzeuge in Groß und Klein spielen in Feldkirchen eine entscheidende Rolle.

Im Biergarten des Fliegerbräus in Feldkirchen bei München steht ein nachgebauter Doppeldecker in Originalgröße.

mochte. Als Wirtin des Wirtshauses Feldwies am Chiemsee lag ihr ein Gedanke natürlich nah: Die Gaststätte in der ehemaligen Cognac- und Spiritusbrennerei selbst zu übernehmen und wieder zu eröffnen.

So geschah es dann Mitte März 2011 und nach der Baustellenparty konnte man gleich in die erste Biergartensaison starten. Große Ahorntischplatten ließen die Feldschmieds für außen fertigen, rustikale Fichtenmöbel stehen im Inneren. Die Speisekarte ist „sehr bodenständig und bayerisch", wie Hubert Feldschmied es definiert. Er ist selbst Hobbykoch und hat die Gerichte höchstpersönlich erdacht, den vier Köchen in seiner Küche geht er auch liebend gerne zur Hand. Da Feldschmied überdies auch „Hobbymetzger" ist, macht er auch die Würste selbst. Etwa die Weißwürste, die es zur Happy Hour pro Stück für einen Euro gibt, auch das kleine Weißbier und die Breze dazu kosten jeweils so wenig. Aber auch Wildschwein- oder Hirschwürste gehören zu seinen Spezialitäten.

Das Weißbier ist übrigens auch hausgemacht: Es kommt aus der eigenen Brauerei, die pro Woche rund 15 bis 20 Hektoliter davon produziert. „Es ist niemals älter als drei Wochen", versichert Feldschmied. Man kann es auch abfüllen lassen und mit nach Hause nehmen. Flaschen gibt's vor Ort.

Claudia Wessel

Flüssiger Geschichtsunterricht

München und sein Elixier: Ein eigenes Museum und ein ganz besonderer Garten

Museumsleiter Lukas Bulka vor dem Bier- und Oktoberfest-museum in der Sterneckerstraße in der Münchner Innenstadt.

Im nach wie vor besten aller München-Romane, Lion Feuchtwangers „Erfolg" aus dem Jahr 1930, steht zu Anfang über die Stadt zu lesen: „Sie war zufrieden mit sich. Ihr Wahlspruch war: Bauen, brauen, sauen". Daran fühlt man sich unwillkürlich erinnert, wenn man die kleine Sterneckerstraße hineingeht, die das Tal mit der Westenriederstraße verbindet. Hier befindet sich das Bier- und Oktoberfestmuseum, in dem es, klar, ganz wesentlich um das Brauen in München geht. Es ist untergebracht in einem Haus, das viel erzählen könnte über die Baugeschichte Münchens, denn seine Grundfesten stammen aus dem Jahr 1346. Was das Sauen angeht, müsste erst geklärt werden, wie Feuchtwanger das genau gemeint hat. Wenn man so will, haben sich hier in der Sterneckerstraße schon größere politische Sauereien zugetragen. Denn direkt gegenüber dem heutigen Bier- und Oktoberfestmuseum befand sich einst das Sterneckerbräu, in dem Adolf Hitler schon 1919 seine ersten Reden schwang. In Feuchtwangers Roman heißt er Rupert Kutzner und ist ein seltsam-gefährlicher Spinner.

Auf Hausnummer 2 jedoch befand sich jahrhundertelang ein ganz normales, kleinbürgerliches Wohn- und Mietshaus, das noch bis in die neunziger Jahre hinein bewohnt war. Dann erwarb die Edith-Haberland-Wagner-Stiftung, zu 51 Prozent Eigentümerin der Augustiner-Brauerei, das Anwesen, ließ es streng im Sinne des Denkmalschutzes restaurieren und eröffnete dort im September 2005 das Bier- und Oktoberfestmuseum. Heute ist es eines der jüngsten Museen der Stadt in einem der ältesten Häuser der Stadt. Und gleich aus mehreren Gründen sehenswert: Man erfährt etwas über die Geschichte des Münchner Brauwesens und über das Oktoberfest, zugleich aber auch darüber, wie man im Mittelalter in München wohnte.

Lukas Bulka ist seit sieben Jahren gewissermaßen der Herr über das alles, der Museumsdirektor. Er hat sich zum Biersommelier ausbilden lassen, damit er den jährlich rund 25 000 Museumsbesuchern auch ein paar tiefere Einblicke in die Welt des Bieres vermitteln kann. Er ist da alles andere als ein Pedant oder Streber: „Man muss da ja keine Wissenschaft draus machen, aber etwas Grundinformation schadet nichts.“

Auch Sonderausstellungen finden im Münchner Biermuseum statt.

Das verwinkelte Haus in der Sternecker-straße, das in seinen Grundzügen aus dem 14. Jahrhundert stammt, vermittelt einen recht authen-tischen Eindruck der Münchner Bier- und Trinkkultur.

Bei einem Museum mit einem derartigen Thema, das war ihm von Anfang an klar, „muss man die Theorie schon auch in Praxis umwandeln können". Weshalb es in der Sterneckerstraße 2 selbstverständlich auch ein Museumsstüberl gibt, das neben der erforderlichen Grundlage in Form von diversen Brotzeiten bis hin zum Schweinsbraten auch die Biere der sechs großen Münchner Brauereien und ein paar kleinerer im Angebot hat. „Natürlich kommen viele Touristen", sagt Bulka, „aber auch Firmen auf Betriebsausflug und erfreulicherweise viele Münchner." Die feiern oft ihren Geburtstag im Museumsstüberl, das auch abends geöffnet hat. Das Museum selbst kann man dienstags bis samstags von 13 bis 18 Uhr besichtigen, daneben können Termine für kulinarische Führungen mit Bierverkostung arrangiert werden.

Freilich: Es geht in erster Linie schon um Wissensvermittlung, weswegen Bulka und Stüberl-Wirt Oliver Klupp gar nicht so scharf darauf sind, dass sich eine Horde junger Burschen zwecks Junggesellenabschieds ankündigt, was gelegentlich auch vorkommt. Eigentlich, sagt Bulka, geht es natürlich schon um die Geschichte des Münchner Biers und des Brauens. Die Stadt war ja vor 100 Jahren in der Welt noch viel mehr für ihr Bier bekannt und lieferte bis in die USA, per Schiff und Flugzeug. Heute gibt es noch sechs große Brauereien, aber die gehören bis auf zwei alle zu internationalen Braukonzernen; auch die wirtschaftliche Bedeutung ist doch sehr zurückgegangen. Man kann das alles im zweiten Stock des Hauses nachvollziehen, dort ist das Biermuseum untergebracht. Man sieht auf alten Stadtplänen, wo einst die riesigen Bierkeller standen, in der Au und in Haidhausen, aber nicht nur dort. Es gibt die Insignien der Brauerzunft zu sehen, die Zunftlade, Hopfenkronen und Porträts der Münchner

Heute ist es eines der jüngsten Museen der Stadt in einem der ältesten Häuser der Stadt. Sogar eine „Himmelsleiter" gibt es.

„Man muss die Theorie schon auch in Praxis umwandeln können", sagt Museumsleiter Lukas Bulka.

Die künstlerische Gestaltung von Bierkrügen hat ebenfalls Tradition – hier ist der Krug mit einem Relief der Bavaria geschmückt.

„Bierbarone", dazu Beispiele für die technischen Neuerungen, etwa die Kühlanlagen, die den Siegeszug des Münchner Biers in der Welt erst ermöglichten.

Ein Stockwerk drüber befindet sich das Oktoberfestmuseum, wiederum mit vielen schönen Exponaten. Das beginnt mit den silbernen Jetons, die zur Hochzeit König Ludwig I. mit seiner Therese geprägt wurden und die das Brautpaar damals in die Menge warf. Es geht weiter mit Krügen, Plakaten, Fotos und zahlreichen Schaustücken, die das größte Volksfest der Welt in seiner Entwicklung abbilden. „Mit der großen Jubiläumsausstellung im Stadtmuseum 2011", sagt Lukas Bulka, „können wir natürlich nicht konkurrieren, dafür haben wir zu wenig Platz." Man kann trotzdem viel Zeit in den Räumen des Museums zubringen, so viele kleine Details gibt es zu entdecken. Und dann gibt es ja auch noch die Sonderschauen im vierten Stock und den Film im obersten Stock, der nicht weniger als „5 000 Jahre Bierkultur" behandelt.

Ein Bier gegen den wüsten Durst: Reklame aus der Kolonialzeit im Biermuseum.

Schon vor hundert Jahren wurde Münchner Bier über den Atlantik exportiert.

Schließlich sollte man sich auch das Haus genau ansehen, mit seinen engen, verwinkelten Räumen und der schwarzen, verrußten, winzigen Rauchkuchl, in der man früher einmal über offenem Feuer gekocht hat. Oder die typische „Himmelsleiter", eine Treppe, die in einem Stück vom obersten Raum bis ganz nach unten führt. Und plötzlich wird klar, warum das Museumsstüberl im Erdgeschoss des Hauses untergebracht ist und nicht unterm Dach: Würde man angeheitert die Himmelsleiter hinunterfallen, bräche man sich gewiss das Genick, und das gäbe ja wohl eine ziemliche Sauerei. Bauen, Brauen, Sauen.

Franz Kotteder

Spiegel der Gesellschaft

Der Viktualienmarkt ist vielseitiger, als man gemeinhin glaubt

Der Viktualienmarkt erscheint selbst vielen Münchnern als ein Klischee ihrer Stadt: so gemütlich, so teuer und so bunt und vielseitig, wie er da neben der Heilig-Geist-Kirche herumsteht. Lässt sich für Bayerns Landeshauptstadt eine Szenerie finden, die noch typischer für sie ist, sieht man mal von der Wiesn ab?

Es ist schon was dran: Es gibt viel Parade-Bayerisches auf dem Viktualienmarkt, angefangen beim Maibaum bis hin zu so manchen grantigen Standlfrauen. Aber es gibt auch Sachen, die man eigentlich nicht für möglich hält. So ist der älteste noch bestehende Stand auf dem Viktualienmarkt ausgerechnet die Nordsee-Fischhalle, die gibt es seit 1898. So viel zum Thema altbayerische Tradition und der Hassliebe zum Preußen respektive Hanseaten. Schon leichter verständlich ist der Sonderfall des Biergartens auf dem Viktualienmarkt. So etwas gibt es sonst in ganz München nicht, und wohl auch nicht in Bayern: dass alle sechs Wochen Bier von einer anderen Brauerei ausgeschenkt wird. Das liegt ganz einfach daran, dass keine der sechs großen Münchner Brauereien bevorzugt werden sollte, indem sie an prominentester Stelle der Stadt als einzige ausschenken durfte. Und so wechselt man sich heute eben ab.

Und noch etwas macht den Biergarten auf dem Viktualienmarkt zu einer Beson-

Im Zentrum des geschäftigen Treibens ist der Biergarten auf dem Viktualienmarkt trotz allem ein Ort zum Verhocken.

derheit: Er befindet sich inmitten regen Treibens, auf dem Markt eben. Hier kann man den Stenzen bei der Arbeit zuschauen, wie sie etwa blondierte Damen reiferen Alters bezirzen. Die haben das gern so, manche kommen anscheinend nur deshalb auf ein Radler hierher. Wieder andere tragen ihre Vorstellung von Luxus zur Schau, die besteht aus sehr großen Sonnenbrillen mit fast echt goldenen Fassungen von Dolce & Gabbana. Daneben sitzen Rentnerehepaare, die sich auch nach 35 Jahren Ehe das Verliebtsein erhalten haben, und junge Mädchen nutzen die Mittagspause in der Kanzlei oder Praxis, um ihren Ärger über Chef und Chefin bei der Freundin abzuladen.

An manchen Tagen trifft man den Schauspieler Peter Rappenglück in seiner Lieblingsrolle als bayerisches Urviech, und manchmal lacht er hämisch, weil der Kollege Andreas Giebel ein paar Ecken weiter vor der Kamera steht und den Polizisten Xaver Bartl spielen muss: Franz Xaver Bogner dreht nämlich gerade wieder neue Folgen von „München 7", und die spielen praktisch permanent auf dem Viktualienmarkt.

Man sieht schon: Eine Oase der Ruhe wie normale Biergärten ist dieser hier nicht. Genau das macht ihn zum Erlebnis. Weil er eben bunter und vielseitiger ist als das Klischee.

Franz Kotteder

Damit niemand bevorzugt wird, schenken die Münchner Brauereien auf dem Viktualienmarkt im Wechsel aus.

Die Münchner Bürger haben ihrem Volkssänger, dem Weiß Ferdl, ein Denkmal mitten auf dem Viktualienmarkt gewidmet.

Bildnachweis

Action press: S. 151 (Rolf Succo); Bauersachs, Peter: S. 142, 143, 144, 145, 146, 146/147, 148, 149, 158, 159, 160/161, 164, 165; Beier, Jeske: S. 100; Biergarten Waldheim (Rolf Kruse): S. 48, 49 Mitte; Einfeldt, Marco: S. 8, 9, 10, 11, 12, 13, 15 unten, 60, 92, 94, 95, 96, 97, 98, 99; Endt, Christian: S. 116, 174, 176/177, 178, 179 Mitte; Erdinger Weißbräu: S. 162 oben, 163; Dostert, Elisabeth: S. 175 unten; Fotolia: S. 14; Fuchs, Franz Xaver: S. 34, 35, 36, 37, 38, 39, 40, 41, 173 Mitte; Haas, Robert: S. 4, 5 unten, 21, 69, 70, 71, 72, 75 unten, 84, 86, 87, 88, 124, 125, 138 Mitte, 156, 167, 168, 169, 171, 179, 183, 186,187, 190/191; Haase, Alfred: S. 130, 131; Heigl, Toni: S. 108, 109, 111, 112, 113, 114, 115, 133 unten, 152; Hess, Catherina: S. 5 oben, 24, 43 Mitte,138 unten, 150, 182, 185 Mitte; Hinz-Rosin, Peter: S. 117, 118/119, 120, 121, 122, 123; Joergensen, Nils P.: S. 101,102/103, 104, 105, 107; Joker: S. 162 (Hick, Karl-Heinz) Krügel, Christian: S. 134, 136/137; Möllmann, Bernhard: S. 49 oben (oh); Neubauer, Manfred: S. 61,63, 64/65, 67; Peljak, Florian: S. 180, 181; Prager, Stefan: S. 20, 23 oben, 47, 90, 91 oben; Rumpf, Stefan: S. 6/7, 16, 17, 18/19, 22, 25 oben, 33 oben,42, 43 oben, 45, 46, 68, 73, 74, 91 Mitte, 126, 127, 128, 129, 132, 133 oben, 139, 140, 141, 184, 185 unten, 188; Salger, Stefan: S. 106, 110; Schellnegger, Alessandra: S. 25 Mitte, 166, 170, 172, 173 oben; Schug, Sibylle: S. 23 unten; Schunk, Claus: S. 15 oben, 50, 51, 52, 53, 54, 55, 56, 58, 59, 76, 77, 78/79, 80, 81, 82, 83; Simon, Johannes: S. 26, 27, 28, 29, 30, 31, 32, 33, 57, 66, 85, 89, 189; Sony DSC: S. 62; SZ Photo: S. 75 oben, 153, 155 Mitte (Wildgruber Josef); S. 135 (Gebhardt, Heinz); S. 154, 155 oben (Heddergott, Andreas); S. 157 (Cathleen Naundorf); Treybal, Georgine: S. 41; Wittl, Wolfgang: S. 93 Wolbeck, Barbara: S. 175 Mitte